扬州大学出版基金资助

中国上市公司定向回购：动因、行为模式、财务绩效

韩永斌　著

经济科学出版社

图书在版编目（CIP）数据

中国上市公司定向回购：动因、行为模式、财务绩效／韩永斌著 . —北京：经济科学出版社，2015. 11
ISBN 978 - 7 - 5141 - 6296 - 7

Ⅰ. ①中… Ⅱ. ①韩… Ⅲ. ①上市公司 - 股票回购 - 研究 - 中国 Ⅳ. ①F279. 246

中国版本图书馆 CIP 数据核字（2015）第 285564 号

责任编辑：凌　敏　程辛宁
责任校对：徐领柱
责任印制：李　鹏

中国上市公司定向回购：动因、行为模式、财务绩效
韩永斌　著
经济科学出版社出版、发行　新华书店经销
社址：北京市海淀区阜成路甲 28 号　邮编：100142
教材分社电话：010 - 88191343　发行部电话：010 - 88191522
网址：www. esp. com. cn
电子邮件：lingmin@ esp. com. cn
天猫网店：经济科学出版社旗舰店
网址：http：//jjkxcbs. tmall. com
北京季蜂印刷有限公司印装
710 × 1000　16 开　10. 75 印张　180000 字
2015 年 11 月第 1 版　2015 年 11 月第 1 次印刷
ISBN 978 - 7 - 5141 - 6296 - 7　定价：32. 00 元
（图书出现印装问题，本社负责调换。电话：010 - 88191502）
（版权所有　翻印必究　举报电话：010 - 88191586
电子邮箱：dbts@ esp. com. cn）

前　　言

　　股份回购是西方成熟资本市场上普遍采用的一种资本运作方式，是指上市公司回购其本身发行在外的股份，以达到减资或调整股本结构等目的的一种公司理财行为。股份回购作为一种股本收缩方式，涉及公司资本结构和股利分配政策，因此是上市公司提升股票内在价值的重要手段之一。

　　在国外市场上，股份回购是一项成熟的市场工具，该工具的运用在公司资本运营、财务运作、经营活动中起到了非常重要的作用。通过对比中外股份回购发展，可以发现，中国股份回购具有两个典型特征：其一，在监管政策逐渐放松管制情形下，并未像西方成熟资本市场上那样大规模发生股份回购行为；其二，中国上市公司在回购方式选择上普遍倾向于定向回购非流通 A 股，而不是公开市场回购流通 A 股。这些悖论或异象的存在引发对中国股份回购动因、行为模式及其财务效应的思考。

　　国外许多专家学者对股份回购理论研究取得了丰硕成果，到目前为止已经提出了九种关于股份回购的理论假说，包括股利避税假说、每股盈利假说、财务杠杆假说、财富转移假说、信号传递假说、控制权市场假说、自由现金流假说、财务灵活性假说及股票期权假说。由于中国证券市场起步较晚，上市公司股份回购实例较少，故中国股份回购理论研究还处于探索阶段。回顾中国股份回购文献，研究主要集中在中国股份回购的定价、回购条款设计、会计处理、法规建设等方面，这些研究多停留在定性分析阶段，少数学者运用了个案分析，仅有的实证分析也仅限于个别问题的探讨，缺少系统的实证检验；关于中国上市公司股份回购决策主体财务特征的实证研究还是一个空白；关于中国上市公司股份回购对公司绩效影响的实证研究非常少；有些研究较少考虑我国和发达国家在制度背景和市场环境等方面的差异，直接借用国外股份回购理论来分析中国股份回购行为，得出结论难免缺乏现实意义。

在现实中，目前中国上市公司股份回购已经对中国的上市公司健康成长和证券市场的发展形成了重要影响。一方面，上市公司对股份回购的认识千差万别。事实上，股份回购虽具有其与生俱来的优势，但却不是提升股价增加收益的灵丹妙药。如果运用不当，也会带来一系列的负面效应，如引起财务危机、内幕交易及投机操作等，不但会侵占广大中小股东利益，还必将严重损害证券市场的公平和公正；另一方面，在股权分置背景下对中国股份回购进行研究更加具有现实意义。中国特色的股份回购研究，将有效推动产权改革和公司治理变革，为国有资本战略性退出、国有股全流通、改变股权分割格局、推动股权分置改革等提出一条途径。通过股份回购研究，能够促使上市公司及各相关方清晰认识并理性应用股份回购这一金融创新工具，促进股份回购相关立法的完善和发展，规范公司股份回购行为，防止盲目借用股份回购投机操作，防范内幕交易保护中小股东利益，从而推动中国上市公司与资本市场的发展与创新。

本书采用规范分析和实证分析相结合的方法，改进和拓展了现有研究的"公司特征—回购宣告股价效应"分析范式，建立一个"公司特征—行为模式设计—财务绩效"相互印证的分析框架，对中国定向回购行为和效果进行了全面的研究和刻画，由此提出中国股份回购动因，并从"宏观环境—市场运行机制—公司治理"三个制度层面对这种动机的存在及其形成机制进行系统分析和阐释。

基于前述研究思路，本书将以中国股份回购所处的市场环境和制度背景为基本出发点，首先从总体上对比分析中国股份回购与美国股份回购的发展状况，总结中国股份回购的行为取向特征；然后以中国定向回购为主题，结合国外股份回购理论和中国现实制度约束，分析中国定向回购行为取向的必然，并进一步运用实证研究方法检验中国定向回购的回购主体财务特征以及股份回购对公司股价、资本结构、股权结构和公司绩效等方面的影响，以验证中国定向回购动因所在及其有效性；最后就中国股份回购制度的完善和发展提出建议。

韩永斌

2015 年 6 月 17 日

目　　录

第 1 章

导　　论

1.1　选题背景

1.1.1　发达资本市场股份回购的强劲发展

所谓股份回购是指上市公司利用盈余所得后的积累资金或债务融资以一定价格购回公司本身已经发行在外的普通股，将其作为库存股或注销，以达到减资或调整股本结构的目的。

股份回购是成熟资本市场常见的资本运作方式和公司理财行为。美国股份回购规模最大，从事股份回购公司数量也最多，美国在 1985 ~ 1996 年股份回购总价值达到 4710 亿美元，年回购价值从 1985 年 150 亿美元上升到 1996 年 1130 亿美元，同时回购公司数量也从 1985 年 115 家上升到 1996 年 755 家（Jagannathan et al.，2000）。在美国资本市场股份回购行为示范效应下，加拿大和英国等资本市场上股份回购活动加速发展。加拿大股份回购公司数量从 1989 年 106 家增加到 1997 年 172 家，回购总金额达到 356 亿美元（Ikenberry et al.，2000）；澳大利亚股份回购公司从 1991 年 2 家增加到 1999 年 132 家公司（Otchere and Ross，2000）。日本等新兴资本市场在 20 世纪 90 年代中期也相继允许股份回购。日本股份回购活动虽然起步较晚，但发展势头迅猛，股份回购宣告公司从 1995 年 5 家迅速上升到 1998 年 1179 家，而真正实施股份回购公司也从 1995 年 5 家上升到 1998 年 186 家（OECD，2000）。

作为股利政策形式之一，股份回购发展速度赶超现金股利。1991 年美国和加拿大公司股份回购占总股利支出分别为 38% 和 26%，2002 年美国和加拿大公司股份回购支出分别增长了417%和250%，而两者股利总水平仅仅分别增加了42.7%和25.6%，结果导致2002年美国股份回购支出超过现金股利，该年加拿大股份回购总支出为现金股利72.6%；英国股份回购水平在1991～2002年急剧增长了34.14%，1991年英国股份回购仅占总股利水平1.35%，2002年该比例上升到26.9%。日本从1994年开始放松股份回购的法律管制，德国和法国从1998年才允许回购股票。到2002年，德国、法国和日本的股份回购占总股利比例分别达到了10.4%、53.7%和87.6%。

1.1.2 中国股份回购的萌动

中国由于股票市场起步较晚，股份回购仍处于探索阶段。中国股份回购实践可以追溯到1992年大豫园并购小豫园。由于原先公司法并没有明确认可股份回购的合法地位和作用，只有小豫园和陆家嘴等少数几家上市公司有过股份回购的尝试，并未引起太多的关注。

1999年4月1日云天化股份回购揭开了我国股份回购的序幕。尽管此时市场各方仍然对股份回购争议颇大，但争论焦点不再是"是否应该回购"的问题，而是"怎样回购"的问题，即如何开展股份回购才能实现市场各方多赢格局，从而有利于资本市场长远发展。此时，股份回购成为中国资本市场发展和上市公司资本运作中备受人们关注的重要议题。随后，申能股份等也积极实施股份回购。

2005年6月中国证监会正式发布《上市公司回购社会公众股份管理办法（试行）》（以下简称《回购办法》），首次明确社会公众股份（流通A股）可以被回购，打开了上市公司公开市场回购的大门。它在吸取国内外经验的基础上，对回购方式、信息披露等方面进行了原则性和程序性规定。此后，邯郸钢铁等先后宣告公开市场回购流通A股。此后，中国证监会于2008年10月发布《关于上市公司以集中竞价交易方式回购股份的补充规定》（以下简称《补充规定》），进一步放松股份回购政策，期待以此稳定公司股价。天音控股、海马股份相继宣告回购计划。

1.1.3 中国上市公司股份回购决策的悖论

通过对比中外股份回购发展现状，我们可以发现，中国股份回购具有两个典型特征：其一，在股份回购政策逐渐放松管制情形下，中国股份回购并未像西方成熟资本市场上那样大规模发生回购行为；其二，按照西方股份回购理论，公开市场回购更加具有"公开、公正、公平"性质，然而中国上市公司在回购方式选择上却普遍倾向于定向回购非流通 A 股，而不是公开市场回购流通 A 股。

为何国外股份回购如此流行，而中国股份回购发展缓慢并备受人们争议？中国股份回购行为为何与西方股份回购理论和实践相悖，倾向于定向回购？中国定向回购究竟是解决股权分置、实现市场各方多赢的有效途径，还是达成套现目的、实现利益转移的"零和博弈"？中国定向回购对于公司股权结构、资本结构、公司股价以及公司绩效有何影响？应如何完善股份回购制度以促进中国股份回购发展？这些问题都值得我们深入探究。因此，本书试图从中国股份回购的现实环境出发，寻求中国定向回购的动因、行为模式及其财务绩效，以推动中国股份回购的完善与发展。

1.2 研究意义与目的

1.2.1 理论意义

从理论上说，由于西方股份回购理论都是从完善的市场经济角度进行研究，因此许多制度或结构因素作为既定的因素被舍弃了，而这些因素在中国恰恰成了最重要的因素。而且在转型经济中由于经济制度、结构等还处于转变过程中，存在许多与市场经济不相适应的方面，市场不完备更为严重。因此，我们的研究就需要跳出西方股份回购理论提供的框架，从中国转型经济的特点出发，从转型经济的许多制度特征出发来探讨中国上市公司的股份回购问题，找出影响中国上市公司股份回购决策的重要因素。具体来说，在中国股票市场上，这些转型特征表现得十分明显，如由于上市公司大多是从国有企业改制过来的，所以形成股权结构的畸形，国有股在其中占据绝对控股地位；国有股股权所有者的缺位，导致上市公司内部人控制。从这个意义上说，本书在理论上对转轨经济中股份回购理论从新的视角进行探讨，期望对中国转轨经济的公司股份回购行为做出合理的解释。

此外，由于中国证券市场起步较晚，上市公司股份回购实例较少，故中国股份回购理论研究还处于探索阶段。回顾中国股份回购文献，研究主要集中在中国股份回购的定价、回购条款设计、会计处理、法规建设等方面，这些研究多停留在定性分析阶段，少数学者运用了个案分析，仅有的实证分析也仅限于个别问题的探讨，缺少系统的实证检验；关于中国上市公司股份回购决策主体财务特征的实证研究还是一个空白；关于中国上市公司股份回购对公司绩效影响的实证研究非常少；很多研究较少考虑中国和发达国家在制度背景和市场环境等方面的差异，直接借用国外股份回购理论来分析中国股份回购行为，得出结论难免缺乏现实意义；尤其缺乏针对中国定向回购行为取向的系统研究。

1.2.2 现实意义

在现实中，目前中国上市公司股份回购已经对中国的上市公司健康成长和证券市场的发展形成了重要影响。一方面，上市公司对股份回购的认识千差万别。一部分上市公司没有意识到股份回购能够带来的益处，而另一部分则是盲目跟风。事实上，股份回购虽具有其与生俱来的优势，但却不是提升股价增加收益的灵丹妙药。如果运用不当，也会带来一系列的负面效应，如引起财务危机、内幕交易及投机操作等，不但会侵占广大中小股东利益，还必将严重损害证券市场公平和公正。另一方面，在股权分置背景下对中国股份回购进行研究更加具有现实意义。中国特色的股份回购研究，将有效推动产权改革和公司治理变革，为国有资本战略性退出、国有股全流通、改变股权分割格局、推动股权分置改革等提出一条途径。

在大部分上市公司缺乏经验的背景下，通过股份回购研究，能够促使上市公司及各相关方清晰认识并理性应用股份回购这一金融创新工具，促进股份回购相关立法的完善和发展，规范公司股份回购行为，防止盲目借用股份回购投机操作，防范内幕交易保护中小股东利益，从而推动中国上市公司与资本市场的发展与创新。

综合国内外股份回购理论发展的现状，对中国股份回购决策的研究有待在以下三个方面进行改进和完善：第一，从理论上探讨和总结股份回购改善公司绩效的作用机制和途径，在此基础上改进和拓展现有的分析范式，使股份回购决策研究建立在更可靠的理论与方法基础上。第二，深入分析公司特征、行为模式设计与公司绩效三者之间的理论关系及其对实现特定股份回购动机的意义。在此基础上紧密结合中国资本市场的具体情况，从公司特征、行为模式设计与公司绩效三个角度对我国股份回购行为和效果进行实证分析，检验现有的理论模型与假说能否解释中国股份回购行为，并提出我国股份回购动机。第三，从更系统的制度层面对我国股份回购动机的存在及其形成机制进行分析和阐释，从中寻找这种动机的缺陷及其根源，提出改进方向和相应的对策建议。

本书的研究目的正是采用规范分析和实证研究相结合的分析方法，对股份回购的上述三方面问题进行系统而深入的研究。对这三个方面问题的研究具有重要的理论和实践意义，主要体现在：

（1）深入探讨和总结股份回购改善公司绩效的作用机制和途径，既深化和提升了国内外股份回购研究的主题思想，又进一步提炼了现有理论模型与假说的理论内涵，具有重要的理论文献意义。

（2）尽管目前的文献对股份回购公司特征、行为模式设计及绩效表现都已有所研究，但这三者之间的理论关系并没有得到规范的分析及阐述，从理论上探讨这三者之间的关系及其对实现特定股份回购动机的意义具有重要的理论意义，并为分析范式的改进与拓展提供了理论基础。

（3）由于中国资本市场的制度建设、运行机制与运行环境与西方发达的资本市场有很大差异，紧密结合中国实际情况，对中国股份回购问题展开研究具有重要的实践意义，研究成果既可为公司合理选择股份回购提供重要的经验借鉴，也可为监管制度和政策的改进提供重要的参考，从而有利于中国股份回购发展。

1.3　研究思路

现代经济学的一个基本哲学是"存在的就是有道理的"。因此，理论的任务就是找寻造成人们选择与现有理论相悖的原因，即人们在做决策时受到了什么样现实约束。从这个角度而言，中国上市公司股份回购决策与西方股份回购理论和实践相比呈现行为异化特征，这是中国上市公司从现实环境出发所作出的理性选择。那么中国上市公司股份回购为什么会呈现定向回购行为取向？影响中国上市公司定向回购行为取向的内部与外部约束性条件有哪些？在这样约束条件下中国股份回购是否发挥了其应有功能，并有利于实现企业价值最大化目标？这些都是我们所需要关注的问题。

基于此，我们认为对中国上市公司股份回购决策进行研究必须考虑到中国经济体制的转型特征以及证券市场所处初级阶段的特征，简单套用西方发达国家成熟的公司股份回购理论不可能对中国上市公司股份回购决策做出合理解释，因为西方股份回购理论通常撇开制度因素，把制度作为给定，而中国上市公司股份回购中许多特殊的制度、结构因素恰恰是影响公司股份回购的重要因素，一旦忽略将难于解释中国股份回购实践。因此必须考虑到中国经济发展的转型背景，包括股票市场在内的市场体系尚不成熟、制度转型的约束、转型经济中上市公司特殊股权结构等，在这些约束条件下，结合西方股份回购理论分析我国上市公司股份回购行为。

1.4 结构安排

基于前述研究思路，本书将以中国股份回购所处的市场环境和制度背景为基本出发点，首先从总体上对比分析中国股份回购与美国股份回购的发展状况，总结中国股份回购的行为取向特征；其次以中国定向回购为主题，结合西方股份回购理论和我国现实制度约束，分析中国定向回购行为取向的必然，并进一步运用实证研究方法检验中国定向回购的主体财务特征以及股份回购对公司股价、资本结构、股权结构和公司绩效等方面的影响，以验证中国定向回购动因所在及其有效性；最后就中国股份回购制度的完善和发展提出建议。本书研究内容的具体章节安排如下：

第 1 章"导论"。主要介绍本书的研究背景、研究意义与目的、研究思路、结构安排、研究方法以及创新与不足之处。

第 2 章"理论分析与文献综述"。主要对国外股份回购相关文献进行较为全面的梳理，概括国外股份回购主要研究主题、研究方法和研究结论，总结和提炼国外股份回购理论假说的理论基础，并在总结中国既有股份回购研究基础上，进一步明确本书的研究方向。

第 3 章"中国股份回购的环境特征与行为取向研究"。首先从宏观经济发展、资本市场现状、法律资本制度、股权结构等方面分析了中国股份回购的环境特征，其次对比分析了中国和美国股份回购制度演进的规律，最后结合美国股份回购发展现状，比较分析了中国股份回购的行为取向特征。研究发现，中国股份回购较为倾向于定向回购，而不是公开市场回购。

　　第 4 章 "中国定向回购的制度约束与理论分析"。首先，从现实制度环境出发，深入分析我国定向回购行为取向形成的制度约束条件；其次，从理论角度寻求我国定向回购的合理解释。研究发现，中国定向回购是基于中国股权制度、股份回购制度、资金占用清理制度、股权分置改革制度等一系列制度下的合理选择；西方经典回购理论无法对中国定向回购行为做出充分与合理解释；总体上看，我国定向回购主要体现最大化控股股东控制权利益的要求。这种股份回购动因不能简单地归因于股权结构二元性所导致的 "内部人控制" 问题，它实际上是回购公司在多方面制度性缺陷综合激励下的一种 "理性" 选择。

　　第 5 章 "基于主体财务特征的中国定向回购动因研究"。通过描述性统计和概率选择模型分析的方法，检验中国定向回购公司特征是否符合理论预期的特征关系，考察影响中国定向回购选择的主要因素。研究结果表明，中国定向回购公司的财务特征主要表现为具有较高流动比率和其他应收款比例、较低的现金比率、较高大股东持股比例、较低的净资产收益率，与理论的预期特征不相符合；现有股份回购的若干理论假说在中国基本没有得到来自公司特征方面的印证，基于包括公司控股股东控制权利益最大化的 "清偿占用资金" 可能是解释中国股份回购动因动机的重要方向，为此需要进一步从行为模式设计、财务效应以及公司绩效变化进行分析和解释。

　　第 6 章 "中国定向回购模式分析"。首先，分析回购比例、回购金额、回购定价基准、回购资金来源、回购股份性质等行为特征与大股东持股比例之间关系；其次，针对行为模式中关键环节——定价模式展开深入分析，分析回购定价偏离度的影响因素；最后，从清偿资金占用角度，针对定向回购实施与取消的个案展开分析。多角度分析表明，中国股份回购行为模式设计，尤其定价模式设计，体现了控股股东控制权利益最大化的要求。本章研究在一定程度上印证了第 5 章的分析研究，但其结论还有待第 7 章和第 8 章从回购公司的财务效应和绩效变化得到印证和解释。

　　第 7 章 "基于财务效应的中国定向回购动因分析"。以中国已实际实施定向回购公司为样本，研究定向回购实施前后在公司股价、股权结构、资本结构等方面变化。检验结果表明，中国定向回购并未实现稳定或提升股价、完善股权结构、优化资本结构等目标。

　　第 8 章 "中国定向回购公司绩效变化的实证检验"。定向回购行为的合理性（体现在回购公司是否符合理论预期的公司特征和行为模式设计）

最终必然反映公司绩效的变化上，本章在界定公司绩效及其评价内容和指标体系基础上，以中国已实际实施股份回购的上市公司为样本，研究其实施股份回购前后经营绩效的变化情况，探讨定向回购是否真正有助于提高公司绩效，并进一步分析实现业绩改善目标的公司财务属性。分析结果表明，从总体上看，中国股份回购并没有起到理论预期的改善公司绩效的作用。本章研究内容既是对我国定向回购财务绩效效应的一个根本性检验，也是对前文关于定向回购分析内容和结论的一个印证，即回购公司对定向回购的不合理选择和行为模式设计的缺失，导致定向回购并没有改善公司绩效。

第9章"中国股份回购模式的完善与发展"。结合前文研究结论和股份回购国际发展趋势，探讨符合中国现阶段经济发展需要的股份回购模式，并对中国股份回购制度提出改进意见，以规范股份回购行为，促使具有回购能力和必要性的公司开展股份回购。

第10章"结论与展望"。总结本书的研究结论，并指出以本书研究结论为基础，需要进一步研究的问题和方向。

1.5 研究方法

本书研究主题虽然是公司财务问题，但从研究所涉及的学科来讲，则运用了金融学、新制度经济学、信息经济学、统计学等多学科的研究成果，因此在研究方法上具有跨学科研究的特点。针对本书研究内容和研究目的，本书所采用的方法是建立在相关理论研究基础上的规范研究方法和实证研究方法，具体如下：

（1）文献研究法。在对有关股份回购的国内外文献进行检索和阅读的基础上，通过比较、分析和研究，为本书研究提供研究线索与思路。

（2）归纳法与演绎法。主要用于中国定向回购实证研究的假设推演和基于中国定向回购实证结果提出的政策建议。

（3）实证研究法。本书在实证研究中广泛使用了各种统计分析方法，例如，研究我国定向回购主体财务特征时，采用了 Logistic 回归分析法；在研究中国上市公司定向回购前后经营绩效差异，以及回购公司与配对样本经营绩效差异时，使用了 Wilcoxon 符号秩检验法，等等。

1.6　创新与不足

本书运用实证研究方法对中国上市公司定向回购行为进行较为全面研究。本书研究为市场各方参与者及监管机构对中国上市公司定向回购行为的认识提供了全新视角。本书的创新点主要体现在以下几点：

（1）在分析范式上，对现有大量研究所采用的"公司特征—宣告股价效应"分析范式作了改进和拓展，建立了一个"公司特征—行为模式设计—公司绩效"相互印证的分析框架，对中国定向回购行为及其效果进行了全面的刻画和检验，从而提高实证研究的理论解释能力和可靠性，并为实践领域提供更丰富、操作性更强的经验借鉴，也为今后研究提供一个可供借鉴的新范式。

（2）结合中国特殊制度背景研究股份回购问题，更具现实意义。以前在借鉴国外事项研究法过程中，我们通常忽视了中外股份回购产生的环境背景差异，尤其忽视中国公司特殊股权结构特征，直接根据回购公告事项的市场反应来臆测回购动因，往往难以形成让人信服的结论。尽管本书研究以西方若干股份回购理论假说为基础，但在具有运用时紧密结合中国特有的资本市场制度环境和实际情况，对中国股份回购问题进行了目前国内较为系统和针对性的研究，主要体现在两个方面：一是对现有的理论模型进行了较为全面的总结分析和运用检验，并将中国特有的重要制度性因素及其代理变量引入实证检验模型中作为控制；二是遵循"宏观环境—市场运行机制—公司治理"制度性系统分析脉络，较全面地对中国定向回购行为和效果做出规范性的分析与解释。针对国情的研究和制度性分析脉络的改进，使得本书的研究丰富了中国股份回购问题的研究成果，更具现实运用价值。

（3）专门研究具有中国特色的股份回购行为——定向回购，而不是将不同性质的两种基本回购方式混杂在一起研究，研究结论更加具有针对性。很显然，定向回购与公开市场回购有着本质的不同，两种方式对于股份回购主体的财务能力有着不同要求，对于公司绩效也有着不同影响。对于定向回购和公开市场回购，如果不作区分，直接套用国外研究方式对其作为整体加以研究，必然会造成分歧。

（4）以实际实施定向回购公司为样本进行实证检验，而不是以宣告回购公司为样本，这样才能得出更加有现实意义的结论。由于美国股份回购的信息披露制度并非强制性制度要求，公司可以自主选择是否披露回购的具体信息，对于股份回购动因和具体实施完成情况，一般都不予以披露。这样导致相关研究大都基于股份回购公告，通过研究股份回购公告的市场效应来推断股份回购动因所在，难以从实际完成股份回购公司角度去深入分析股份回购对于公司财务的实际影响。而中国股份回购的完成情况与国外存在较大差异，很大比例的发布回购公告公司并未实际实施股份回购，这就造成基于回购公告的事项研究不再具备如此重要意义。但是，与国外不同的是，中国股份回购制度要求及时详细披露回购动因和具体实施完成情况，这无疑给予我们提供了一个新的研究视角——基于实际实施回购公司的股份回购研究。从实际完成回购公司出发，深入剖析其财务特征、行为模式以及财务绩效，而不仅仅观察回购公告对于市场的短期影响，这无疑拓展了国外股份回购研究的路径，研究结论更具有说服力。

本书主要不足之处在于：

首先，由于中国实施股份回购时间尚短，股份回购事件还不多，只能针对此期间内股份回购决策的决定因素以及对公司绩效影响进行探讨，难以开展其他相关主题的研究，研究深度和广度受此约束显得不够充分。

其次，由于本书采用 Logit 模型是以配对方式进行的，虽然已经按照行业和公司资产规模作为配对衡量标准，但是仍然无法完全排除配对可能产生的问题。

最后，中国股份回购制度的建立与实施时间很短暂，无论在公司管理者或投资者的心态，还是主管机构的规范都还不够成熟，在这个过渡时期市场信息繁杂，相关研究难以达成统一有效的结论。例如，在股份回购动因研究过程中，在不合理或不健全的制度下，可能出于公司或投资者自我个体特征进行回购，难以像成熟股份回购制度下可以得到比较一致的研究结论。随着相关制度规范的不断完善，样本期间的延伸，样本数量的不断增加，可以更加全面的考察股份回购的长期效应，也可以得出更加明确和更具有说服力的研究结论。

第 2 章

理论分析与文献综述

2.1　国外股份回购理论分析与文献综述

早在 20 世纪 50 年代，美国上市公司股份回购就引起了理论界的关注，但大部分文献局限于浅层次分析股份回购规模，未能深层次探求股份回购动因所在。20 世纪 60 年代以后，随着人们对股份回购认识的深入，股份回购逐渐得到广泛认同，各国纷纷立法予以规范和保护，促进了股份回购活动发展，进而为学者深入、全面研究股份回购提供了机遇。20 世纪 70 年代以后，由于政府放松对股利发放的限制，公司纷纷以股份回购代替股利向股东发放现金，由此关于股份回购动因理论研究进入新的发展时期。以 Dann 和 Vermaelen 等为代表的学者对股份回购动因进行了深入研究，提出了自由现金流假说等一系列动因假说。20 世纪 90 年代以后，一些学者纷纷从新角度看待股份回购动因，提出了股票期权等假说。

总之，西方学者围绕股份回购动因进行了大量细致的实证研究，建立了税收效应假说、价值低估信号假说、抵御收购假说、自由现金流量假说、财务灵活性假说、股票期权假说以及股东财富转移假说等众多动因理论假说。在此基础上，西方学者开展了股份回购主体财务属性、股份回购与公司短期市场效应关系以及股份回购与公司长期经营绩效之间关系等研究，以进一步检验股份回购动因理论假说。本章将就西方股份回购动因理论及其文献作全面梳理和总结，其他相关研究综述将在后文相关章节中予以归纳和分析。

西方股份回购动因理论对股份回购行为做出了多维分析，本章基于各种理论假说所依据的理论基础不同，将其归为三类：信号传递观、委托代理观和财务效应观，以下就其基本观点及其文献加以分析和概括。

2.1.1 信号传递观

价值低估信号假说源于上市公司管理层和股东之间的信息不对称。其理论背景在于，一方面，美国经济刚刚经历较长时间大萧条，投资者对股市失去信心，不愿意将资金投入资本市场，公司纷纷回购股份；另一方面，信息经济学的发展逐渐渗透到财务理论中。在这样背景下，一些学者尝试使用信息理论解释股份回购动因，认为公司管理层和股东之间存在严重的信息不对称，公司管理者比投资者更了解公司真实价值，投资者只能从公开信息中了解公司状况，因此，当股票价值被低估或者公司未来盈余优于市场预期，公司就可能通过回购股份来向市场投资者发送信号，以引导市场投资者重新评估该企业价值。从这个意义上说，股份回购就被视为公司管理层传递内部信息的一种手段。

Vermaelen 和 Dann 是支持价值低估信号假说的两大代表性人物。他们认为股份回购公告之所以能够获得大约17%超额回报，是因为管理者和投资者之间存在信息不对称，公司股价被低估，而通过股份回购，价值低估公司股价得以提升。Vermaelen（1981）建立一个标准的信号模型证明，股份回购可以被用作传递信息的可信信号，原因是差公司模仿好公司进行股份回购的成本很高。Dann（1981）最早提出了要约回购的信号传递假说。Comment 和 Jarrell（1991）强调，当公司股价被低估时，公司有动机进行股份回购，经实证研究发现，公告所产生的累计异常收益率与公告前60天的累计异常收益率呈负相关关系，同时还发现，固定价格要约回购公告的市场反应要大于公开市场股份回购公告的市场反应，这说明要约回购比公开市场股份回购传递了更强的股价低估信号。Persons（1997）分析要约回购发现，管理者和投资者之间存在信息不对称，公司管理层通过要约回购向投资者传递股价被低估的信号，因而要约回购公告比现金股利公告引起更多的股价增长。Mcnally（1998）比较了固定价格要约回购和荷兰式拍卖回购的信号效应研究，发现没有被要约的股东在两种方式下获得相同的收益，而被要约的股东在固定价格要约回购下比在荷兰式拍卖回购下获得更多的收益。Ikenberry，Lakonishok 和 Vermaelen（1995）则指出，美国85%公开市场股份回购公告不会公开其回购动因，而公开回购动因的公司也大部分以股价被低估为理由，他们对美国1980～1990年公开市场回购的短期和长期效应进行了深入分析，发现回购公告前累计超常收益率为负值，公告后 3 ~ 10 天的累计超常收益率为 0，但公告后 1 ~ 3 年的累计超常收益率均为正值，且第 4 年平均超常收益率可达 12.1%，即公司回购公告后股价长期效应明显，短期效应并不显著。Dittmar（2000）从股份回购与分配、投资、资本结构、公司控制及公司报酬政策间的关系的角度，对信号传递假说、自由现金流假说、财务杠杆假说、反收购假说和管理层激励假说等方面分别进行比较验证，结果表明，信号传递假说对股份回购动因最有解释力。Baker 等（2003）和 Brav 等（2005）的问卷调查结果也都表明，虽然不同公司在不同时期回购股份动因可能不尽相同，但是其中最常见动因是出于公司股价被低估。

2.1.2　委托代理观

在两权分离的公司结构下，公司存在委托代理关系。委托代理关系泛指任何涉及非对称信息的交易，拥有信息优势的一方为代理人，拥有信息劣势的一方为委托人。委托代理关系下会产生逆向选择和道德风险问题。随着股份回购理论发展，研究者目光开始转向更为广泛的利益群体和更加深层次动因。基于委托代理关系的假说具体来讲包括以下四个方面：

2.1.2.1　自由现金流假说

自由现金流假说是指股东希望通过股份回购减少股东和管理层之间的代理成本。Jensen（1986）提出了自由现金流假说，认为公司过量的现金流会增加管理层和股东之间的代理成本，因为管理层会从个人私利出发，将这些现金投放到次优的投资项目或进行无效率的收购活动，达到分散自己所承担的投资风险或扩大自己所控制的权力范围的目的。为了降低自由现金流量带来的代理成本，管理层应该将这些过量的现金发还给股东，因而股份回购被认为是基于这一目的发放现金的方式。

Vafeas 和 Joy（1995），Fenn 和 Liang（1997）以及 Nohel 和 Tarhen（1998）都曾指出，利用股份回购可以减少自由现金流量所产生的代理成本。Nohel 和 Tarhan（1998）批评大多数持信号传递假说的学者没有真正关注信号的本质，他们认为，如果公司通过股份回购是为了传递信号，意味着公司将来会有更好业绩，但公司回购后有好的经营业绩不一定是由于信号传递，例如，一些公司卖掉劣质资产，并将取得的收益通过股份回购返还股东，此时公司资产得到更有效的利用，这时我们也能看到公司业绩的增长，但这一增长却归因于自由现金流假说。在实证研究中，他们为每一家实施股份回购的公司设置一家匹配公司（与股份回购公司行业相同、规模相当，但不实施回购），并且把实施股份回购的公司按 Tobin Q 值是否大于 1，分为高 Q 公司和低 Q 公司，用以衡量公司面临的投资机会，以公司每年的现金流与总资产账面价值的比值衡量公司的经营业绩。他们发现实施股份回购的公司在回购完成后，相对于匹配公司，低 Q 公司累积超常经营业绩为 23.3%，高 Q 公司超常累积经营业绩为 1.94%，并不显著大于 0，而且低 Q 公司的经营业绩与资产销售相关。这一研究结果表明：公司回购股份是公司重组活动的一部分，并不是出于向市场传递信号的目的，因为如果公司回购股份动因符合信号传递假说，高 Q 公司回购完成后，应该有较高经营业绩，然而事实却与此相反。对于低 Q 公司回购完成后较高经营业绩，很明显应该来自于资产更有效利用，这一点恰恰证实股份回购动因符合自由现金流假说。Stephens 和 Weisbach（1998）也发现拥有较高的预期和非预期自由现金流的公司更有可能积极地回购本公司股份。Dittmar（2000）认为为了控制过度投资，拥有大量现金流的公司会进行股份回购。Colin Haslam（2006）认为，充沛的现金流量是企业股份回购的驱动因素之一，也证明股份回购决策与是否拥有充足现金流量的息息相关。

2.1.2.2 抵御收购兼并假说

20 世纪 80 年代以来，由于推行放开市场管制的措施，公司间敌意收购活动大幅增加，公司管理层为了维持自己对公司的控制权，反对敌意收购，以股份回购的形式收回一部分股权，股份回购规模越来越大。在此期间，受较多学者认同的理论是抵御收购假说。抵御收购假说是指公司通过股份回购收回部分股权来防御其他公司的敌意收购。一般情况下采用私下协议回购方式或要约回购方式，且支付很高溢价让收购方知难而退。由于股份回购的直接结果减少了发行在外的股份数，引起供求关系的变化，从而提高公司当前股价，导致收购兼并成本上升，而且在反收购战中，目标公司可以通过股份回购实行"焦土战术"，使公司财务状况恶化，从而使得目标公司吸引力大减。20 世纪 80 年代中期，公司间极为活跃的敌意收购与公司大规模回购股份同时发生为抵御收购假说提供了强有力的证据。

从 1983 年起 Dann 等学者开始从公司价值低估信号理论假说转向抵御

收购理论假说。Dann 和 DeAngelo（1983）、Bradley 和 Wakeman（1983）分析了公司私下协议回购，结果表明在回购公告后公司股价平均下跌4%，公司支付溢价越高，股价在公告后下跌越多。此后学术界逐渐广泛运用抵御收购理论分析股份回购。Bradley 和 Rosenzweig（1986），Bagwell（1988），Stulz（1988），Harris 和 Raviv（1988）以及 Bagnoli，Gordon 和 Lipman（1990）等都对股份回购作为反收购的手段进行了研究。其中，Bradley 和 Rosenzweig（1986）讨论了对于收购要约与股份回购要约不同的法律管制，其他文献则分析了股份回购如何使公司控制权得以再次分配。Bagwell（1988）将公司股东按其愿意接受的出让股份价格的高低进行分类，当公司发出股份回购的要约时，愿意出让股份的股东更倾向于向公司出售其股份，而敌意收购者则需要向那些不甚乐意从出让股份的股东收购其股份，这样增加了其接管成本。Stulz（1988）认为股份回购增加了公司管理者以及忠实于公司的股东所持有的股份份额，以使敌意收购者很难获取足够的股份来达到接管的目的。Harris 和 Raviv（1988）提到面临敌意收购的公司管理层会通过举债来筹集回购股份所需资金，从而进一步降低了接管的可能性。而 Bagnoli 和 Lipman（1989）提出公司管理层通过回购股份可以提高公司价值，并且由于宣布股份回购后股价上涨，使公司股票更具风险，由此来挫败敌意接管。Bagwell（1991）指出，公司可以利用股份回购来增加恶意并购者的购并成本。Dittmar（2000）研究表明，公司成为接管目标的风险越大越有可能回购股份，回购能提高接管所需收购股票的最低价格，增加收购成本，可以作为并购防御的措施。

2.1.2.3　股票期权假说

20 世纪 90 年代，公司间敌意收购活动显著降低，而股份回购活动却呈上升趋势，抵御收购假说失去了事实根据，一些学者尝试使用新理论解释股份回购的动机。Kahle（2002）认为以前文献在解释股份回购动因时，大多局限在信号假说和自由现金流假说上，然而这些理论没有解释 20 世纪 90 年代回购活动急剧增加的原因。Kahle（2002）实证结果表明，薪酬制度的变化（股票期权的兴起）引起了公司支付政策的变化（股份回购增多），经理人员股票期权制度影响股份回购决策。股票期权假说是随着 20 世纪 90 年代股票期权兴起而产生的。该假说认为经理人股票期权影响公司股价和股利发放形式，公司回购股份是为了实施股票期权计划。按照以前文献，股票期权假说可以进一步分为储备假说、消除稀释假说和代理假说三个方面。

储备假说是指公司回购并储备股票的目的是为了满足发行股票期权的需要。Barth 和 Kasznik（1999）发现公司股票期权方案规模越大，越可能回购股份。Kahle（2002）研究也发现，薪酬制度的变化导致支付政策的改变，准备发行的股票期权迫使管理者事先回购并储备股票。

按照消除稀释假说，股份回购既可以降低流通在外股本，又能够满足股票期权方案需要，从而消除因股票期权或可转换公司债等可能导致的每股盈余稀释效应，使每股盈余得以回升。Jolls（1996）认为管理层为了维护自己所持有的股票期权价值，在现金分配决策上会选择股份回购。Bens，Nagar，Skinner 和 Wong（2003）发现，当股票期权对每股盈余的稀释效应增强，或盈余低于获得每股盈余预期增长率所需要水平时，管理层会进行股份回购；股票期权与股份回购呈正相关，拥有股票期权的公司倾向于股份回购而非发行新股。Kahle（2002）分析 1993～1996 年 712 个公开市场回购时发现，公告前四十多天期间累计非正常报酬为－3.64%，公告期间三天平均累计非正常报酬率为 1.61%，股价仅上升 1.6%，低于早期文献的结果 3%～4%。他认为是 20 世纪 90 年代股份回购的市场反应的弱化与股份回购功能转变有关，表明价值低估信号功能在减弱，而修正股票期权稀释作用在增强。

按照代理假说，当公司管理层拥有股票期权时，股份回购通过减少发行在外的股份，能够相应提高管理层持股比例，使得内部管理者与外部股东的利益趋于一致，减少代理成本，增强管理层最大化公司价值动机。Weisbenner（2000）发现管理层持有股票期权越多，公司回购股份数额越大。Fen 和 Liang（2001）提出证据表明，为了增加股票期权价值，管理层采用回购股份来代替股利支付，股票期权的增长有利于解释回购行为的上升和股利行为的减少。

2.1.2.4 财富转移假说

按照财富转移假说，股份回购并非真正意义上的投资决策行为，只是一种"零和博弈"行为，只能造成相关利益主体之间财富转移，并不能产生新的价值增长。这种财富转移主要表现在债权人向股东、出售股票股东向持有股票股东以及同行业未回购公司向回购公司之间的财富转移。公司实施股份回购在某种程度上相当于将一部分资产清偿给股东，这一行为的直接受害者是债权人。因为这意味着债权人所能求偿的资产在减少，由此带来公司债务价值的降低，同时也代表着股东财富的增加，因此财富在债权人和股东之间存在转移。另外股份回购必须向股东支付一定的超出市场价格的溢价，但并非所有股东都参与回购，因而也只有参与了回购的股东得到了溢价的好处，也就是说财富在股东内部之间存在转移。

　　Masulis（1980）发现回购会给不同证券持有者带来不同利益，证明财富转移假说的有效性。但是该假说遭到了 Vermaele（1981）质疑，他认为在美国当时法律约束下，只有盈利企业才有权利进行回购，很多债权联盟对回购进行了限制，基本上等同于现金股利分配的限制，因此财富转移假说很难发挥作用。Maxwell 和 Stephens（2001）实证表明，在回购公告期间对于债券持有者来说具有显著的负收益率，债券收益率与公司股份回购规模成负相关，为证实财富转移假说提供了更强有力的证据。Graham 和 King（2000）研究发现，知晓公司内在价值的控股股东可以通过股价高估时出售公司股票或者股价低估时回购公司股票，实现未知晓公司内在价值股东的财富向控股股东转移。而 Erwin 和 Miller（1998）以及 Otchere 和 Ross（2002）研究回购公告对同产业竞争公司股价影响时发现，公司所属产业的竞争程度越低，或者公司之间现金流相似度越低，公司回购公告对同产业竞争公司股价的影响越明显，同产业竞争公司向回购公司的财富转移效果越强。

2.1.3　财务效应观

2.1.3.1　财务灵活性假说

　　财务灵活性假说是指公司可以以股份回购替代现金股利，避免向股东承诺持续发放现金流，从而增加财务管理的灵活性。财务灵活性假说基于假设前提：股份回购是非持续性的，而现金股利是持续性的。大量研究表明，现金股利支付波动性越大，投资者越不乐意。因此，一旦公司决定以现金方式支付股利，就相当于对股东做出了承诺，即至少必须保持这样现金股利水平，这使得公司财务弹性降低。而如果公司选择股份回购支付股利，则公司并没有做出任何隐性承诺，能够维持较大财务弹性。

　　三篇密切关联的实证文章检验了灵活性假说。Jagannathan，Stephens 和 Weisbach（2000）发现，股份回购是循环性变化的，而现金股利一直是稳定增长的。拥有较高"暂时的"非经营盈余公司会回购股份，而拥有较多"持续的"经营性盈余的公司会支付股利。股份回购公司的现金流和分配更具有波动性。这表明回购和股利是分配不同来源资金的机制，它们不是替代关系。Guay 和 Harford（2000）检验了曾经发放股利或宣告股份回购的公司，着重关注了它们现金流变化的本质。研究发现，当公司有较稳定现金流增加时会选择增加股利，若现金流增加只是暂时性的，则倾向于采用股份回购。Lie（2000）在委托代理框架下通过检验三种类型的公司：增加常规性季度现金股利，或支付单一特殊股利，或进行要约股份回购，同时验证了灵活性假说和自由现金流假说。他们发现这三种类型公司在发生这些股利分派前都拥有较多现金流，这些过剩现金在公司增加常规股利情况下会重新出现，而在公司发放特殊股利和回购股份情形下不会重新出现。

2.1.3.2 个人税赋假说

个人税赋假说认为，股份回购使股东能够以较低的资本利得税取代现金股息需缴纳的较高的个人所得税，股份回购降低了在股东抵消个人股利纳税责任中发生的交易成本，由此创造公司股东财富。

美国税法规定，公司发放的现金股利要按普通收入的所得税税率进行纳税，而股东通过回购得到的现金只有在回购价格超出股东的购买价格时才需纳税，也就是得到资本利得的时候才需纳税。从 20 世纪 70 年代起，美国政府对公司支付现金红利实施了限制条款，对于现金股利的收入一般适用最高的税率征收。为了实现合理避税，公司纷纷开始用股份回购取代现金股利。股份回购一般会带来溢价，尚未出售股票的股东在将来出售股票的时候需要对回购价格高出购买价格部分缴纳资本利得税，资本利得税项对于所得税而言一直较低，这样股份回购就使得股东能够以较低的资本利得税取代为现金股利缴纳的所得税。同时，股东从回购股份中得到的现金只有在回购价格超出股东的购买价格时才需纳税，纳税时间也延迟到股东出售该股份时缴纳。如果投资者将资金保留在公司中继续增值，直到出售该股票的时候才需纳税，这种推迟纳税的效果有利于投资者得到更多的收益。在 1986 年《税收改革法》允许削减并最终取消优惠资本利得税率之前，资本利得以相对于所得税较低的优惠税率计纳。多数实证研究考察的时间都是 20 世纪 60 年代初到 70 年代末，在这个时期实行的是优惠的资本利得税率。Bierman 和 Wess（1966）最早研究指出，股份回购能使公司价值增加，股份回购唯一动因就是税收规避。这方面最具有说服力的是 Miller 和 Scholes（1978）的论证，他们提出并阐述了几种投资者能够用来抵消对股息征收个人税收的方法，其中包括股份回购。

1986 年，税法改革取消了资本利得的优惠税率，相应地，股份回购相对于股利支付的税负优势也被削弱，后续相关研究也随之减少。Bagwell 和 Shoven（1989）认为，股份回购增加表明公司已经知晓用股份回购替代股利，以按照较低的资本收益税率纳税。Grullon 和 Michaely 比较 1986 年税收改革法案前后公开市场回购公告的市场反应时，发现法案前回购公告的市场反应为 3.49%，而法案以后为 2.42%，股份回购对税收体系的变革做出了一种理性反应。

关于这一假说的质疑是：公司回购股份必须支付一定的溢价才能促使股东卖出股份，这样才能实现上述税差优势。溢价太低，股东不一定会卖出股份；溢价太高，出让股份的股东当然会得到好处，然而这是以不出让股份的股东利益为代价的。由于每个股东面临的资本利得税率不同，处于高税率的股东出于税收考虑一般不愿意参与回购，因而得不到这部分好处。也就是说，并不是所有股东财富都能从税差中得到增加，因此股份回购对公司价值影响是不确定的。

2.1.3.3　财务杠杆假说

财务杠杆假说是随着最优资本结构的讨论而兴起的。该假说认为股份回购通过买回股票予以注销，将使公司财务结构中负债比例变大，提高财务杠杆率，可能使公司更接近最佳资本结构，提高公司价值。上市公司进行股份回购，表现为公司资产减少的同时权益减少，或者负债增加的同时权益减少，两者都会提高公司的财务杠杆率和资产负债率，公司资本结构中权益资本比重的下降和公司财务杠杆率的提高，一般来说会导致两个相互联系的结果：一是公司加权平均资本成本的变化。一般地，中长期债务的资本成本最低，而普通股的资本成本最高。所以，增加中长期负债在公司资本结构中的比重或降低普通股权益资本的比重，通常可以降低公司整体资本成本。二是公司财务风险的变化。债务比重增大到一定程度之后将会导致公司财务状况恶化，增加公司财务风险，最终会导致公司整体资本成本上升。所以，公司必须优化其资本结构，根据加权平均资本成本最低原则，保持各类资金来源的最佳比例关系。只要公司举债的成本率不大于资产收益率，财务杠杆的作用将是有利的，即在此范围内举债会通过提高财务杠杆率而提升净资产收益率，公司加权资本成本将会下降。但是当公司财务风险随着债务比率和财务杠杆率的增大而上升到一定程度时，债权人势必要求提高贷出资金的收益率，公司举债的成本率将会上升并超过资产收益率，公司加权资本成本上升。由此可见，优化资本结构应是公司股份回购决策的重要依据。

一些学者认为，股份回购提高了公司负债/股东权益比率，尤其是在公司通过举债进行股份回购时，杠杆效应就更明显。Masulis（1980）把138个要约回购样本分成债务融资在50%以上和不足50%两类，其中，高杠杆组在回购公告期的平均报酬率为21.9%，而低杠杆组的平均回报率为17.1%，他认为这些结果与杠杆节税假说是一致的。Pugh 和 Jahera（1990）实证研究发现，公开市场股份回购公告所产生的非正常报酬与负债比率变化幅度成正相关，公司可以通过股份回购来提高负债比率，优化资本结构。Dittmar（2000）研究表明，公司可以利用举债方式回购股份，负债比率越低，公司越倾向于回购股份，举债所需支付的利息有抵税效应，可以提升公司价值。

2.1.3.4 每股收益最大化假说

该假说认为股份回购减少了流通在外的股份，从而提高了市场对公司每股收益（EPS）的预期，这种提高的预期会带来公司股价上升。虽然股东财富的实现还决定于股票升值的资本收益，但即使是在一个健全完善的资本市场上，股票价格的变化仍很大程度上取决于 EPS。所以提高 EPS 是股份公司管理层的一个重要经营目标，也由此成为股份回购的重要动因。这种假说存在两方面的缺陷：一是股份回购使公司的流通股减少，同时也造成了公司资产的减少。资产作为公司盈利的源泉，其减少会带来公司盈利能力的下降，只有当盈利的下降程度低于流通股减少的程度时，股份回购才会使 EPS 增加；二是即使股份回购的确引起公司 EPS 增加，回购也会增加公司财务杠杆，公司财务风险随之上升，EPS 增加是以高风险为代价的，只有当收益率的增加能抵补风险的加大时，股份回购才是有效的。在对 384 位财务主管的调查中，Brav 等（2003）发现当管理者认为公司股票被低估，喜欢回购股票以提升 EPS。

2.1.4 定向回购文献综述

国外定向回购一般指公司向一个或数个股东回购本公司发行在外股份的行为。在美国，定向回购是目标公司面对收购威胁时所常采取的一种反收购手段，被称为"绿色邮件"。在公司收购中，目标公司在获得收购者放弃继续收购的承诺后，以高于市价的价格回购收购者所持有本公司股票。随着定向回购日益增加和收购者从中获利的暴涨，"绿色邮件"引起各界争议。很多人认为定向回购仅向收购者溢价定向回购而未赋予目标公司其他股东以溢价出售其股票的权利，是对公司股东的一种区别待遇，违反了公平原则。

西方学者对定向回购有两种不同观点，一种观点认为，当管理者采用"绿色邮件"阻止控制企业的企图时，持有大宗股份的投资者可以通过"绿色邮件"使得其股份获得显著高于市价的溢价，有损其他未参与的股票持有者，管理者因此保持自己管理地位，即管理层壁垒假说；另一种观点认为，当管理者采用"绿色邮件"防止控制权变化时，参与"绿色邮件"的大宗投资者有利于促进公司变革，如人事变动、政策变化或重新评估被收购对象，股票持有者因此获得收益，即股东利益假说。根据管理壁垒假说，向收购者支付"绿色邮件"将减损公司的财产并导致公司股价的降低，而根据股东利益假说，公司决定向收购者支付"绿色邮件"意味着公司有未公开的有价值信息，这将导致公司股价上涨。

国外对定向回购研究较少，研究结论也比较混杂。早期定向回购研究普遍关注"绿色邮件"方式，检验参与定向回购的股东行为是否有益或有害于未参与回购的股东（Bradley and Wakeman，1983；Klein and Rosenfeld，1988；Mikkelson and Ruback，1991）。这些研究发现，定向回购公告会产生显著的负的股价反应，支持了管理层壁垒假说；Bradley 和 Wakeman（1983）发现，向外部人股东发起定向回购会损害其他未参与交易股东的利益，而向内部人股东回购将增加股东财富。而 Mikkelson 和 Ruback（1991）研究发现，从初期的股票购买到最终股票被回购这个过程来看，累计超额回报是显著正的。从整个过程来看，非参与回购股东回购获得了超过 12% 超额回报，所以股份回购当日所产生的负超额回报并不能够简单归为财富转移效应，他们结论支持了股东利益假说。Wayne 和 Richard（1991）扩大了股价效应研究的范围，在形成定向回购的整个过程中分析回购股价效应。研究发现，控制股东增加持股的公告能够带来正的股价效应，定向回购公告则导致股价下跌。控制股东增加持股带来的股价增加足以抵消回购所带来的股价下跌。从控制股东开始持有股票到股票被回购，总的平均回报为 7.4%，这说明，定向回购的股价效应是对控制股东投资的产出预期的一种修正。

后期定向回购研究从"绿色邮件"回购延伸到各种类型的定向回购，也开始引入一般股份回购理论假说来解释定向回购。Choi 和 Park（1997）以"绿色邮件"回购、私人谈判回购和防御性回购等定向股份回购为样本，直接验证自由现金流量假说。研究发现，定向回购的市场反应与公司自由现金流水平和回购前流动资产水平呈正相关关系，而且流动资产水平在回购以后会持续下降。这些表明，定向回购减少了管理层控制的过剩资金，降低了代理成本，与 Jensen（1986）的自由现金流假说一致。Chang 和 Hertzel（2004）以 1979 ~ 1995 年 223 个非控制目的的定向回购为样本，检验了定向回购所产生的股权结构变化与公司价值之间的关系。研究发现，定向回购公告会产生显著正的市场反应，这与以前控制目的的定向回购公告所产生的显著负的市场反应形成鲜明对比。这说明非控制目的的定向股份回购增加了未出售股票股东的投票权，减少了管理层壁垒，能够改善公司所有权结构。进一步通过横截面分析发现，非控制目的的定向回购所导致的公司价值变化与内部人持股和外部控制股东持股的变化都是负相关关系。定向股份回购所导致的内部人持股变化与公司价值变化之间的负相关关系，支持了管理层壁垒假说，因为内部人持股比例的增加使得公司接管成本加大，从而有损公司价值。而外部控制股东持股变化与公司价值变化之间的负相关关系，与股东利益假说一致，因为利益冲突或者战略联合，外部控制股东可能允许管理层保护行为，从而降低公司价值。最后还发现，不只是股权集中度，控制股东性质也影响公司价值。出售股票股东性质不同，定向股份回购公告期间股价效应也显著不同。当出售股票股东为公司创立者和公司法人时，公司价值显著大幅度增加，这也说明这些控制股东更加可能允许管理层壁垒行为，从而减少公司价值。

2.2　国内股份回购研究综述

中国股份回购理论研究还处于探索阶段。回顾中国股份回购文献，早期研究主要定性分析我国股份回购动机、定价、回购条款设计、会计处理、法规建设等问题，后期开始逐步开展股份回购的案例分析和实证研究，下面作简要归纳。

王化成等（2000）指出，在我国进行股份回购可以改善股权结构，进一步完善公司治理结构；提高公司的投资价值，保护公司各股东的合法利益；提高公司资产负债率，优化企业资本结构。

王伟（2002）采用事件研究法对云天化公司和申能股份公司回购国有法人股事件进行实证研究后发现，在中国现阶段股份回购不是用来向市场传递公司价值低估信号，而是在公司经营业绩欠佳时，用来改善相关财务指标以维持 A 股股价，股份回购向市场传递的是公司经营业绩欠佳信号，而且，依据每股净资产值确定的国有法人股回购价格低估了国有法人股真实价值，实施国有法人股回购会将出售股份股东的财富转移给 A 股股东及其他未转让股份的股东。

徐国栋和迟铭奎（2003）实证分析了股份回购对中国上市公司价值的影响。由于受中国实施股份回购的上市公司家数很少和数据收集的限制，他们仅选取了五家样本，分别分析了股份回购对上市公司资本结构、盈利能力的影响，并利用回购公告日和实施日的股票超常收益分析了股份回购的市场影响，最终得出以下结论：第一，股份回购使公司资产负债率有所提高，完善了公司资本结构，有利于促进公司治理结构的有效运转，并有利于充分发挥财务杠杆作用。第二，因为股份回购后公司净资产减少，公司治理结构大有改观，实施股份回购后公司盈利能力明显提高。第三，股份回购有利于公司股价提升，回购公告日和实施日的超额报酬都为正。

陈晓荣和韩俊仕（2005）通过对《回购办法》实施前后的案例对比分析，得出如下结论：早期回购对象主要是国有法人股，股份回购动机主要是降低国有股比例，优化公司的股权结构，而近期回购对象主要是社会公众股，回购动机主要是向市场传递公司股价被低估的信息，稳定公司股价。回购公告宣布时股价均有不同程度的上涨，这说明实施股份回购短期内对公司股价有维护作用。

刘钊和赵耀（2005）认为，当前中国股票市场推出股份回购计划有着特殊动因，即有助于正着力推进的股权分置改革。在解决股权分置问题的关键时刻，股份回购的特殊动因表现在两点：异议股东的退出权和提升股价使得流通股股东获利。

益智和张为群（2005）运用事件研究方法和会计研究法对九家股份回购事件进行实证分析，讨论股份回购的市场效应和财务绩效。研究发现：首先，中国股票市场对于股份回购的整体反应是积极的。总样本的披露日前七个交易日累计超常收益率为 10.32%，公告前后一天累计超常收益率为 3.3%。这个结果和西方股份回购研究结论基本一致，即在股份回购公告前后的累积超常收益率会出现正值，认为这是中国上市公司股份回购创造价值的有力证据；其次，股份回购公告前七天累计超常收益率大大高于公告之后的累积超常收益率，说明在股份回购公告前，可能存在内部信息泄露，投机者在得知股份回购的消息后，提前进行交易。

梁丽珍（2006）利用35家有效样本对中国上市公司股份回购公告的市场反应及影响因素进行了实证研究。结果表明，市场对于公司回购股份的公告存在明显反应，但同时在公告之前存在信息泄露的现象。该结果一方面说明回购股份公告具有一定的信息含量，能向市场传递公司股价被低估的信息，从而达到降低信息不对称程度、提升公司价值目的；另一方面说明我国证券市场在某种意义上仍然缺乏有效性，股份回购这一重大事件可能同内幕交易、市场操纵相联系。此外还发现，回购公告的市场效应受主营业务增长率、资本支出、公司规模、市净率、预计回购比例及回购目的等因素影响。其中，主营业务增长率与预计回购比例越高，市场效应越大；资本支出越多，公司规模越大，市场效应越小；市净率的影响最为显著，市净率越小，表明股价低估越严重，宣告回购的市场效应越大。

2.3 国内外股份回购研究简要启示

（1）随着资本市场的完善和发展，股份回购运用日益广泛，功能不断延伸，新的股份回购理论假说也相继被提出。从20世纪70年代较为流行的价值低估信号传递假说，到80年代抵御收购兼并假说，以及90年代自由现金流假说和股票期权假说，等等，新的股份回购理论假说体现了股份回购功能的演化规律。

（2）股份回购理论假说的多样性说明股份回购功效的多重性。股份回购是基于环境变化和所面对不同问题的一种决策选择，公司在选择时并不是奢望股份回购发挥所有功效，而是在某一动因下希望达到某种或几种效应。因此，单一理论假说难以解释股份回购全部效应，同时，股份回购具有两面性，股份回购具有积极效用同时，也可能产生不利影响。

（3）由于中国股份回购多为定向回购，样本期间尚不长，样本数尚不充裕，相关文献着重从中国股份回购的目的、作用、程序、回购法律法规完善途径以及回购对市场各方影响等方面，进行了一些零散研究，很少将国外现有理论研究成果与中国股份回购实情结合进行具体分析。在中国资本市场日益与世界资本市场融合背景下，借鉴国外既有研究成果，无疑将有利于拓展中国股份回购研究，将股份回购理论研究与实践密切联系，推动股份回购立法工作进程。但是，在借鉴国外研究过程中，不能忽视中外回购产生的环境差异，尤其不能忽视中国公司特殊股权结构特征。直接根据回购公告事项的市场反应来臆测回购动机，难以形成让人信服的结论。应该基于中国特殊制度背景，对股份回购行为模式选择进行现实分析，全面分析影响中国定向回购决策的动因、行为模式以及财务绩效。

第 3 章

中国股份回购的环境特征与
行为取向研究

公司股份回购决策受到现实环境，如国家宏观经济状况、金融市场条件、相关法律政策等因素的制约。因此，充分了解公司所处环境是把握公司股份回购决策行为取向的基础。与中国特定的转轨经济制度环境相适应，目前中国公司股份回购决策不仅受到诸多条件限制，而且股份回购方式选择上体现出其独特性。为此，本章试图从宏观经济发展、资本市场发展、法律资本制度、股权结构特征等方面分析中国股份回购所处的环境特征，比较分析中国股份回购制度的演进规律，总结中国股份回购的行为取向特征。

3.1 中国股份回购的环境特征研究

公司股份回购决策是公司根据其价值目标，利用一定的时机和渠道，为公司调节资本的一种市场行为。公司股份回购必然要受到宏观经济和金融市场供给条件等诸多市场客观条件的限制，是公司基于一定的金融市场条件及市场需求所作出的选择与反应。

3.1.1 宏观经济发展状况

对宏观经济状况最具解释力的指标是经济增长率。经济增长率不仅反映一国宏观经济总体的状况，而且其波动能够反映经济波动的周期性规律。通常，当经济增长率较高时，经济处于繁荣时期，市场需求旺盛，企业盈利水平较高且具有良好预期。在自由现金流量理论框架下，此时企业拥有足够的自由现金流量，如果公司治理状况良好，公司经理人就可以用以回购股份，缓解委托代理问题；相反，若经济增长减缓，企业盈利实际水平与预期水平都会降低，此时企业可以用以回购股份的自由现金流量较少，企业回购股份的可能性较低。因而从理论上讲，企业股份回购应与经济增长率的变化成同向关系。Dittmar 和 Dittmar（2002）研究发现，国内生产总值 GDP 变化会影响公司长期盈余水平变化，从而影响公司股份回购。GDP 每增加 1%，股份回购将增加 6.5%。当 GDP 增长带动公司长期盈余增加时，公司可以回购股份或者发放股利；当公司盈余是短期的，公司只能用短期盈余回购股份。Dittmar 和 Dittmar（2007）研究表明，宏观经济发展周期会影响公司自由现金流，从而影响公司股份回购行为。而 Guay 和 Harford（2000）研究发现，当公司有较稳定现金流增加时会选择增加股利，如果现金流增加只是暂时性的，则倾向于采用股份回购。

但是，宏观经济状况也会对于公司股份回购产生反向作用。经济快速增长刺激投资，而投资项目增加带动对公司资金的需求，从而减少可用于股份回购的自由现金流量。同样，经济萎缩会使得企业减少投资需求，增加公司自由现金流量，此时企业倾向于回购股份，减少自由现金流，并改善企业财务绩效。例如，进入 20 世纪 70 年代以后，美国经济出现滞胀萎缩局面，虽然试图限制公司发放现金股利以挽救经济下滑，然而此时公司管理层根本没有信心将多余现金用于投资，资本过剩公司大多通过回购股份以收缩资本，促进股份回购加速发展。①

近年来我国宏观经济发展一直保持高速增长趋势。从表 3 - 1 中可以发现，我国国民收入和国内生产总值 2004 ~ 2008 年持续快速提升。高速经济发展需要大量资金投入。企业在这样高速发展的经济环境下可以保留和动用的自由现金流是非常有限的。而股份回购行为是建立在拥有大量自由现金流基础之上的，所以，在我国宏观经济高速发展的情形下，作为减资缩股形式的股份回购必然不可能得到较大发展。

---

① 唐纳德·H·邱主编. 公司财务和治理机制：美国、日本和欧洲的比较 [M]. 北京：中国人民大学出版社，2005：166.

表 3 - 1   2004～2008 年国民总收入和国内生产总值   单位：亿元

年　份	国民总收入	国内生产总值
2004	159586.75	159878.34
2005	184088.60	183217.40
2006	213131.70	211923.50
2007	251483.22	249529.90
2008	—	300670.00

3.1.2　资本市场发展状况

资本市场是现代市场经济的核心，承担着资源配置、聚集资本等重要职能，对国民经济有着重大影响。成熟的资本市场是股份回购作为一项有力工具能够实现公司内资本结构重组、提高资本运作效率和提升公司股价的前提保障。例如，成熟的资本市场可以为股份回购提供一个信号传递平台，当股票价值被低估或者公司未来盈余优于市场预期，公司可能通过回购股份向市场或投资者发送信号，继而收到预期功效。可见，股份回购所带来的独特价值必须得到资本市场的保障和认同。

回顾美国股票市场发展历史，可谓一波三折，但是总体上呈现不断壮大趋势。伴随股票市场的不断发展壮大，股份回购也不断增长。一方面，良好的股票市场为经济增长和公司发展提供了强大支撑和平台，促进了现实经济强劲发展，使得公司现金流和每股盈余等都得到高速增长，增强了公司股份回购能力；另一方面，良好的股票市场推动股价持续增长，激发了股票期权薪酬计划运用，这也使得股份回购主导动因从价值低估信号向冲抵股票期权的盈余稀释效应转变。从大趋势上来看，随着道琼斯工业股票平均价格指数从 1985 年 1000 点左右上升到 2004 年 10000 多点，回购金额也从 50 亿美元急速上升至 180 多亿美元。

同样，股份回购可以作为一种财务工具，用以在股市危机时刻支撑股价。美国在 1987 年 10 月 19 日发生了股市大崩盘，道琼斯指数当天下滑22.6%，它激发了公司股份回购前所未有的大幅度增加，股市灾难发生后两周内，大约 600 家公司宣告了回购计划，计划回购股份数目达到 9.54亿股。Netter 和 Mitchell（1989）研究了事件发生后两周内宣告回购公司的股价变动，结果发现，这些公司在事件发生以后宣告回购以前，股价都急剧下跌，回购公告使得股价反弹，宣告回购后都能获得正的超额收益。尽管 1987 年股市发生了大崩盘，在 20 世纪 80 年代，道琼斯指数依然上升了 228.3%。① 同样，在 2001 年 "9·11" 事件过程中，美国政府为了稳定股票市场，鼓励上市公司回购股份。美国证券交易委员会于 2001 年 9 月 14 日宣布暂时性放宽上市公司股份回购数量和时机的限制条件，这项措施成功激发了上市公司股份回购浪潮。"9·11" 事件后两周内，329 家公司宣布股份回购公告，而当年 9 月 12 日前只有 565 家公司宣告回购股份。"9·11" 事件后回购股份热潮，确实起到了增加投资者信心、刺激股价反弹以及阻止市场进一步滑落的作用。② Anthony 和 Michael（2003）研究发现，"9·11" 事件后两周内，公司股份回购公告能够获得市场正效应，而且公告发布越早，市场正效应越大，这表明回购公告确实有助于稳定股票市场。③

与国外相比较，中国资本市场市价总值规模还很小，资本市场在国民经济发展的作用并非很大，股票市场指数波动性加大，中国股票市场的这些特征无疑对我国股份回购的运用和发展产生了消极影响。例如，受国有股减持政策从提出到停止的短暂而急剧的变化过程影响，中国股市从 2001 年进入长期低迷状态，上证指数从 2001 年 2065.61 点一路下滑到 2005 年年底 1161.06 点。作为国有股减持方式之一的国有股回购实践受到严重打击，从 2001 年股份回购进入停滞发展时期，直到 2005 年年底，股份回购才重新被启动。

在 2005 年 6 月前后，很多公司的股价跌破每股净资产。2005 年 6 月中国证监会发布《回购办法》鼓励上市公司回购流通股以提升股价，但是实际实施流通股回购的公司很少。直到 2005 年 11 月国务院批转《关于提高上市公司质量意见》，提出了 "务必在 2006 年年底前偿还完毕" 的要求，股份回购作为清理上市公司资金占用和股权分置改革配套方案，在 2006 年得以充分发展，一年内发生实际实施股份回购 32 家。在此期间，上证指数从 2006 年年初 1258.05 逐步回升到 2006 年年底 2675.47，如表 3 - 2 所示。伴随股票市场的复苏，股份回购行为也逐渐增多。

---

① ［美］约翰·S·戈登著，祁斌译. 伟大的博弈［M］. 北京：中信出版社，2005.
② 邢永忠. 美国企业回购［N］. 中国证券报，2001 - 11 - 06.
③ Anthony Yanxiang Gu, Michael Schinski. Patriotic Stock Repurchases：The Two Weeks Following the 9 - 11 Attack［J］. Review of Quantitative Finance and Accounting, 2003, 20：3.

表 3 - 2　　　　　　　　　　2004 ~ 2008 年上证指数月度数据

月份	2004 年	2005 年	2006 年	2007 年	2008 年
1	1590.73	1191.82	1258.05	2786.34	4383.40
2	1675.07	1306.00	1299.03	2881.07	4348.54
3	1741.62	1181.24	1298.30	3183.98	3472.71
4	1595.59	1159.15	1440.22	3841.27	3693.11
5	1549.82	1060.74	1641.30	4109.65	3433.35
6	1399.16	1080.94	1672.21	3820.70	2736.10
7	1386.20	1083.03	1612.73	4471.03	2775.72
8	1342.06	1162.80	1658.64	5218.82	2397.37
9	1396.70	1155.61	1752.42	5552.30	2293.78
10	1320.54	1092.82	1837.99	5954.765	1728.79
11	1340.77	1099.26	2099.29	4871.778	1871.16
12	1266.50	1161.06	2675.47	5261.563	1820.81

注：上证指数月度数据以每个月最后一个交易日上证指数收盘价为准。

资料来源：根据中国证监会统计资料整理。

由此可见，鉴于我国资本市场不够完善，我国上市公司缺乏动力通过公开市场回购或定向回购传递价值低估信号，以提升公司股价。即使在股价极其低迷，甚至跌破净资产情形下，我国上市公司依然缺乏通过回购来提升股价，以达到稳定股市发展目的。

3.1.3　公司资本制度

公司资本制度是指在公司法中设立的关于公司资本的形成方式、存在方式、规范要求、维护办法的基本制度，公司资本制度不仅为公司人格独立打下基础，且为公司信用原则的确立与安全作保证。长期以来，由于法律制度和文化传统的差异，英美法系国家和大陆法系国家围绕股东出资的期限和资产形成问题，形成了三种资本制度，即法定资本制、授权资本制和折中资本制公司资本制度模式。

在资本制度方面，美国采用授权资本制。相对于法定资本制，首先，授权资本制度对资本充实原则要求不高，在公司设立时并不要求发起人全部认足，允许仅缴纳注册资本的一部分，其余部分则授权公司董事会根据需要在适当时机再发行，因此公司回购所得的自己股份也可被视为已获授权但尚未发行的股份；其次，授权资本制对资本维持原则也要求不高，公司资本只要能维持公司运行即可，而无须对注册资本数额刻意维持，故动用公司资金回购本公司股份只要不影响公司运营即被允许。可见，美国授权资本制模式在资本制度方面对股份回购无任何障碍。至于防止公司回购自己股份可能造成的债务风险、股东间不平等及对证券市场稳定之害，并非是授权资本制的任务，而是通过公司法人人格否认之法理、董事和经理责任之追究以及股东派生诉讼等制度来进行事后规制。在美国，由于发达的资本市场存在，促进了监管体制和相关法律的完善，从而尽可能避免股份回购带来的资本市场的混乱和操纵等问题。

而我国直至 1994 年《公司法》① 才真正确立了公司资本制度。我国 1994 年旧《公司法》，作为典型的法定资本制，固守资本管理的三原则：资本确定原则、资本维持原则、资本不变原则。公司成立时要求公司股东一次性认购全部核准的股份，增资和减资必须经过严格的登记制度，对股份回购的限制较严，基本上不允许公司回购股份。只有在两种情况下允许例外：一是为了减资而注销股份，二是在与持有本公司股票的其他公司合并。例如，1994 年旧《公司法》149 条规定：公司不得收购本公司的股票，但为减少公司资本而注销股份或者与持有股票的其他公司合并时除外；公司依照前款规定收购本公司的股票后，必须在十日内注销该部分股票，依法律、行政法规办理变更登记并公告。这些有利于公司资本的真实可靠，保护公司债权人的利益以及社会交易秩序的安全，但是，在此制度下，作为资本收缩形式之一的股份回购机制必然缺乏相应的法律土壤，无法得到充分发展。例如，实行股票期权的公司必须储备一定数量的股票，以备期权持有者行权时使用，但我国 1994 年旧《公司法》致使我国公司不可能像国外公司那样根据股票期权制度需要回购股票，严重阻碍股票期权制度在我国的推行，同时也限制了股份回购的发展。

---

① 1993 年 12 月 29 日第八届全国人民代表大会常务委员会第五次会议通过《公司法》，自 1994 年 7 月 1 日起施行。此后，根据 1999 年 12 月 25 日第九届全国人民代表大会常务委员会第十三次会议《关于修改〈中华人民共和国公司法〉的决定》第一次修正，根据 2004 年 8 月 28 日第十届全国人民代表大会常务委员会第十一次会议《关于修改〈中华人民共和国公司法〉的决定》第二次修正，2005 年 10 月 27 日第十届全国人民代表大会常务委员会第十八次会议修订，并于 2006 年 1 月 1 日施行。

2006 年新《公司法》在资本制度上，体现了从片面强调资本信用到兼顾资本信用和资产信用的立法理念的调整，引进了授权资本制度，降低了公司设立的门槛，放松了对公司资本的过度管制。该法第 143 条规定增加了两项公司回购股份的事由，即"将股份奖励给本公司职工"和"股东因对股东大会做出的公司合并、分立决议持异议，要求公司收购其股份"，体现着我国对股份回购态度实现了从"基本禁止"到"原则禁止，例外允许"的转变。

2006 年新《公司法》放松了股份回购的限制，允许回购股份总额的 5% 用于奖励公司员工，为上市公司管理层推行股权激励机制奠定了法律基础，使得我国股份回购制度向前迈出了一大步。例如，万科 A 为了健全公司激励机制，于 2005 年度股东大会审议通过《万科企业股份有限公司首期（2006～2008 年）限制性股票激励计划》。据统计，自万科实施股权激励方案以来，万科已委托信托机构 8 次回购，加上期间因转增而增加股份，激励股票累计达 1.1 亿股。此后，永新股份从 2007 年 3 月开始逐步从市场上回购股票用于激励计划。随着 2006 年新《公司法》颁布实施，公司资本制度逐步向授权资本制转变，人们对股份回购这种资本收缩机制的观念必然会发生转变，最终将促进股份回购发展。

3.1.4　股权结构特征

3.1.4.1　股权结构与股份回购关系分析

股份回购在一定程度上可以显著改变股权结构比例，从长期来看还可以通过改变公司治理机制而影响公司价值，同时，股权结构也可能是公司开展股份回购的一个重要决定因素。一些理论模型对于股权结构与股份回购决策之间关系做出简要分析。

根据代理模型，股份回购作为一种有效机制，可以被用来降低与自由现金流相关的代理成本。正如 Shleifer 和 Vishny（1986）所言，股份回购可以改变公司大股东所持有的股份比例，使得大股东更加有动力监控管理者。同样，股份回购可以增加管理者持股比例，使得公司内部股东和外部股东的利益趋于一致。相反，股份回购也会加剧大股东与中小股东之间利益冲突，例如，当大股东拥有较多信息时，他们会在公司价值低估时保留自己持有的公司股份，而在公司价值高估时减少自己持有的公司股份，这些都会对处于信息劣势的中小股东造成利益损失（Brennan and Thakor,

1990）。尽管股份回购是一种可以减少代理成本的现金分配机制，但是，除非管理者有动力分配自由现金流，否则该机制难以有效发挥作用。Li 和 McNally（2002）研究发现回购公司的内部人持股比例比较高。

按照信号模型，管理者可以运用回购来传递信号：管理者没有浪费公司自由现金。但是，公司股权结构影响股份回购的信息含量。按照 Schleifer 和 Vishny（1986），股权集中的公司比股权分散的公司更加有效地防止收购威胁，管理层更加会代表股东利益，有利于提升公司价值，因此股权较为集中公司的股份回购公告应该被视为好消息；然而 Schleifer 和 Vishny（1997）认为，股权集中公司的代理成本不是发生在管理层和股东之间，而是中小股东与控股股东之间，股份回购计划会导致更大的股权集中，增强控股股东地位，有损公司价值。

检验股权结构和股份回购之间关系的研究并不多。Skeltorp 和 Degaard（2004）研究发现，宣告回购公司的股权集中度显著地低于未宣告公司；宣告回购公司的所有者数目是未宣告公司的两倍；宣告回购公司的内部人平均持股比例显著高于未宣告公司；宣告回购计划的可能性随机构投资者持股比例增加而增加。

3.1.4.2　中国上市公司股权结构基本特征

中国上市公司股权结构的基本特征就是股权分置与国有股"一股独大"，如表3-3所示。中国资本市场的发展不同于西方国家自发形成的市场，而是由政府组织发展起来的。政府建立资本市场的最初目的是为解决国有企业的融资困难，帮助国企脱困。为了不动摇公有制的主导地位，发展之初就将上市公司的股份分为流通股和非流通股，流通股包括 A 股、B 股和 H 股等，非流通股则包括国家股、法人股和内部职工股等，非流通股不允许上市流通。尽管从 2003 ~ 2006 年，非流通股占总股本的比重从 64.72% 下降到 62.23%，非流通股仍占总股本的大部分。上市公司的股份被人为分割为流通股和非流通股，造成场外交易价格与场内交易价格相差悬殊，在可流通股份所占比例过低的情况下，通过场内交易的方式对公司进行收购兼并不仅成本极高，而且几乎不可能实现，这也使得上市公司在场内几乎感受不到直接来自兼并与恶意收购的威胁，市场交易对上市公司的外在约束力明显不足。不仅如此，股权的分割使得流通股股东和非流通股股东的利益明显不对称，例如，就上市公司分红而言，流通股股东与非流通股股东的实际收益率就相差很大。

表 3 - 3　　　　　　　　中国上市公司股权结构分析（总量）　　　　　单位：亿股

分析项	2003 年	2004 年	2005 年	2006 年
流通股合计	2267.70	2577.19	2914.77	5637.79
A 股	1714.73	1992.54	2281.16	3300.85
B 股	175.35	197.01	218.08	229.00
H 股	377.62	387.64	415.53	2107.94
非流通股合计	4160.76	4572.24	4714.74	9288.56
国家股	3046.53	3344.20	3433.34	4588.21
发起法人股	699.95	757.32	552.22	565.88
外资法人股	59.23	70.30	226.30	69.47
募集法人股	309.71	345.03	242.83	115.83
内部职工股	10.98	8.94	3.97	2.46
其他未流通	34.36	46.59	286.59	3967.57
股份总计	6428.46	7149.43	7629.51	14926.35
非流通股比重（%）	64.72	63.95	61.80	62.23
国家股比重（%）	47.39	46.78	45.00	30.74

资料来源：中国证券监管管理委员会. 中国证券期货统计年鉴（2007）［M］. 北京：中国财政经济出版社，2007.

　　上市公司的非流通股主要是国家股和法人股，其中国家股居于主导地位。国家股占总股本的比重从 2003 年的 47.39% 下降到 2006 年的 30.74%，并且相当一部分发起法人股也带有国有性质，因此，国有股在上市公司总股本中占绝对比重。总体而言，国家股股东在上市公司中居于控制地位，上市公司的经营决策因此将在很大程度上受国家股股东的影响。问题在于，国家股股东不同于流通股股东和其他法人股股东，国家股股东不仅关心上市公司的回报，而且还关注就业、社会稳定、财政收入等指标，即国家股股东的特殊性在于其目标是多元的，在多重目标约束下，国家股有时会为了其他目标而并不将利润最大化的目标放在首位，因此国家股股东的利益与流通股股东的利益并不完全一致。

　　规范和完善股权结构、建立科学的公司治理结构是中国上市公司股份回购的根本出发点。中国上市公司复杂的股权结构导致公司治理结构上的种种缺陷，进而使得股份回购功能受到制约，影响股份回购的发展。

首先,"所有者缺位"与代理成本减少。由于所有者"缺位"严重,上市公司的大股东被委托行使上市公司的经营权,却拥有事实上的所有权,缺乏所有者的监督约束。"所有者缺位"使得委托代理关系不完整,也使得代理人缺乏通过股份回购来减少代理成本,从而提高委托人价值的动力,股份回购的功能被削弱。

其次,"内部控制人"与套取现金。"所有者缺位"导致国有资本缺乏增值动力和对管理层的监督和激励机制,造成严重的内部人控制现象和道德风险。过度集中的股权使得股东间约束难以形成,尤其是中小股东对国有大股东难以实行有效制约,使得作为公司经营层面的大股东可能不顾及中小股东甚至国家利益,谋求自己利益。股份回购在此情形下,可能会发生异化,成为大股东套取现金的工具。

最后,控制权市场形成与抵御收购。公司股权集中和流通权分割导致通过二级市场收购流通股来获得公司控制权的可能性基本不存在,国有股地位被人为锁定。"控制权的不可竞争性"使证券市场难以对大股东产生资源重新配置压力,无法通过收购兼并和代理权争夺来约束和激励管理层,股份回购用以抵御收购的功能也丧失存在的基础。

3.1.5　资金占用现状及其制度变迁

3.1.5.1　我国上市公司资金占用现状

在世界各国证券市场,大股东及其关联方占用上市公司资金的情况时有耳闻,由于历史环境、背景等因素,中国大股东占用上市公司资金的情况也不例外。最近几年,大股东或实际控制人侵占上市公司资金的问题越来越严重,已经成为影响我国资本市场规范发展的痼疾。从历史数据中我们可以证明这一点。

从表 3-4 来看,2004 年年底上市公司大股东占款金额累计至 509.10 亿元。2005 年 11 月中国股市刮起了"清欠风暴",《国务院批转证监会关于提高上市公司质量意见的通知》全文发布,其中第十条就明确指出:严禁侵占上市公司资金。对已经侵占的资金,控股股东要加快偿还速度,务必在 2006 年年底前偿还完毕。因此,到了 2005 年年底,大股东占款明显减少,占款金额下降了近 288 亿元。经过 2006 年一年的清欠努力,2007 年 1 月中国证监会对外公示未能在 2006 年年底解决资金占用问题的 17 家上市公司名单,17 家公司共占用金额 92.14 亿元。

表 3 - 4   2004 ~ 2006 年中国上市公司大股东占款总额一览表

年份	占款上市公司家数（个）	上市公司总家数（个）	大股东占款金额（亿元）
2004	405	1377	509. 10
2005	228	1381	221. 18
2006	17	1434	92. 14

资料来源：根据中国证监会统计资料整理。

分析上市公司大股东占款现象，不难总结出下列几个特点：

（1）占款金额依然巨大。从表 3 - 4 中可以看出，虽然每年大股东占款金额有所下降，但是经过各方努力，大股东肆意侵占上市公司资金现象仍未根本好转，占款绝对金额仍然较大。

（2）占款手法复杂多样。2004 年沪深两市出现大股东以应收账款形式占款现象的上市公司达 268 家，涉及金额 88.48 亿元；大股东以其他应收款形式占款的公司达 407 家，涉及金额 238.64 亿元。

（3）清欠难度大。前期清欠过程中，由于资金占用方大多资产良好，还款能力较强，随着监管力度加大，这些大股东都能很快偿还上市公司被占用的资金，且偿还方式大都以现金偿还方式为主。随着清欠工作进一步推进，因资金占用方自身的还款能力不会很强，清欠难度进一步加大。自 2006 年 10 月至今，公告的上市公司清欠方式都是以资抵债、以股抵债等，很少有以现金抵债。

3.1.5.2 大股东占用资金的清欠政策变迁

中国监管当局高度重视上市公司大股东占款问题，近年来不断加大检查规范力度，并配套出台了相应法规制度，明确提出了控制和清理要求。在多方努力下，资金被大股东违规占用的上市公司数量和被占用资金总额呈现逐渐下降的趋势。为解决上市公司大股东占款清欠的步伐，监管当局先后采取了如下措施：

（1）2003 年 8 月，中国证监会与国家经贸委联合发布了《关于规范上市公司与关联方资金往来及上市公司对外担保若干问题的通知》，提出"上市公司董事会应当针对历史形成的资金占用、对外担保问题，制定切实可行的解决措施，保证违反通知规定的资金占用量、对外担保形成的或有债务，在每个会计年度至少下降 30%。上市公司被关联方占用的资金，原则上应当以现金清偿。在符合现行法律法规的条件下，可以探索金融创新的方式进行清偿，但需按法定程序报有关部门批准"。

（2）2004 年年初，《国务院关于推进资本市场改革开放和稳定发展的若干意见》明确提出"各地区、各部门要切实履行《公司法》等有关法律法规规定的职责，采取有效措施防止和及时纠正发起人虚假出资、大股东或实际控制人侵占上市公司资产行为的要求"。"规范控股股东行为，对损害上市公司和中小股东利益的控股股东进行责任追究"。"积极稳妥解决股权分置问题。规范上市公司非流通股份的转让行为，防止国有资产流失。稳步解决目前上市公司股份中尚不能上市流通股份的流通问题。在解决这一问题时要尊重市场规律，有利于市场的稳定和发展，切实保护投资者特别是公众投资者的合法权益。"

（3）中国证监会 2005 年 4 月 29 日发布了《关于上市公司股权分置改革试点有关问题的通知》，宣布启动股权分置改革试点工作。股权分置改革的目标实现股票的全流通，以期消除大股东资金占用。2004 年 7 月 27 日中国证监会和国资委原则同意进行"以股抵债"试点。2004 年 12 月中国证监会发布《关于加强社会公众股股东权益保护的若干规定》，第五条指出："上市公司被控股股东或实际控制人违规占用资金，或上市公司违规为关联方提供担保的，在上述行为未纠正前，中国证监会不受理其再融资申请。"

（4）针对上市公司大股东占款问题，2005 年 11 月国务院批转《关于提高上市公司质量意见》（以下简称《意见》），提出了严厉的整治措施。《意见》中明确提出"严禁侵占上市公司资金"和"规范上市公司控股股东或实际控制人的行为"，并强调"对已经侵占的资金，控股股东尤其是国有控股股东或实际控制人要针对不同情况，采取现金清偿、红利抵债、以股抵债、以资抵债等方式，加快偿还速度，务必在 2006 年年底前偿还完毕。"《意见》还规定了比较明确的罚则。"国有控股股东限期内未偿清或出现新增侵占上市公司资金问题的，对相关负责人和直接责任人要给予纪律处分，直至撤销职务；非国有控股股东或实际控制人限期内未偿清或出现新增侵占上市公司资金问题的，有关部门对其融资活动应依法进行必要的限制；要依法查处上市公司股东、实际控制人利用非公允的关联交易侵占上市公司利益、掏空上市公司的行为；加大对侵犯上市公司利益的控股股东或实际控制人的责任追究力度，对构成犯罪的，依法追究刑事责任。"

为了继续努力促进上市公司提高质量，把"清欠解保"工作抓好，2006 年 5 月 28 日中国证监会《关于进一步推进清欠工作的通知》（以下简称《通知》）发出，一方面，给出了以"以股抵债"为主的清欠方式；另一方面，建立了大股东占款预防机制。此次推出的"以股抵债"与以往不同的是，将市价作为"以股抵债"定价的基准，即 G 股公司"以股抵债"的价格应符合市场化原则，比照《上市公司证券发行管理办法》，定价按照董事会决议前 20 个交易日公司股票的均价确定。《通知》要求上市公司董事会建立对大股东所持股份"占用即冻结"的机制，即发现控股股东侵占资产的应立即申请司法冻结，凡不能以现金清偿的，通过变现股权偿还侵占资产。上市公司应力争通过多样化的支付手段进行收购兼并实现整体上市，消除占用资金的根源。

3.2 中国股份回购制度演进：比较分析

3.2.1 美国股份回购规则变迁分析

1929 年美国经济危机爆发以后，为了提升市场信心，回购活动开始逐渐增多。鉴于股份回购可能引发的负面效应，监管部门开始关注规范与限制股份回购。尽管 1934 年美国《证券交易法》没有具体条款直接对股份回购加以监管，但是股份回购活动受到其中 9a – 2 和 10b 部分的反操纵条款约束，例如，《证券交易法》10b 部分要求公司股份回购时要进行充分披露，强调对公司出售股票股东、继续持有股票股东和外部股东的保护，禁止欺骗投资者和操纵股价行为。因此，尽管 20 世纪 30 年代美国没有明确禁止股份回购，但证券交易委员会可以依据反操纵条款指控回购公司非法操纵市场。根据 Cook 等人（2003）对回购制度的历史分析，制定公开市场回购管制规则的原动力就是来源于联邦法院对证券交易委员会与乔治亚州—太平洋公司之间的裁决：1961 ~ 1966 年，乔治亚州—太平洋公司用自己公司股票作为支付方式收购了其他公司，收购活动中交易的股票数量按照特定交易期间股价水平随机确定，为此证券交易委员会指控乔治亚州—太平洋公司运用公开市场回购操纵（提高）了股票价格，并因此减少了实现收购所需要股票数量，最终法庭发布禁令禁止乔治亚州—太平洋公司在收购过程中回购股票。这些举措使得人们普遍担心，在缺乏明确规则指引情况下股份回购时可能被指控非法操纵价格。这种风险阻碍了公司股份回购活动发展。

　　为此，证券交易委员会开始着手制定股份回购规则，以指导公司开展股份回购。从 20 世纪 60 年代，很多规则曾经被提议用以管制公开市场回购，例如，规则 10b－10 和 13e－2。这些规则对股份回购方式、回购价格、回购时期、回购数量以及回购信息披露均做出了强制性要求。规则 13e－2 中大量股份回购禁止性条款的存在使得人们疑惑是否有必要充分披露股份回购。Lipton（1974）就指出：规则 13e－2 草案中所包括的关于股份回购数量、价格和时机限制条件，有利于消除股份回购市场效应，从而可以减少股份回购的信息披露需求。在争论中人们逐渐形成共识：禁止性条款和信息披露要求是对公开市场回购管制的竞争性弥补措施，无须同时对股份回购实行强制性管制规则和信息披露要求。此时争论焦点在于，对于股份回购行为，究竟采用自愿性政策结合信息充分披露要求，还是采用强制性管制条款结合极少披露方式。在经历长达十三年之久争论以后，证券交易委员会放弃了强制性管制与信息披露要求以后，于 1982 年 11 月 17 日采用了"安全港"规则 10b－18。

　　自实施"安全港"规则以后，除了在股市严重下滑情形下出台防备性规定以外，证券交易委员会没有对公开市场回购采取任何新管制措施。例如，1987 年 10 月 19 日股市灾难期间，证券交易委员会放松了股份回购时机限制条件，以鼓励公司回购股份，提高市场流动性；"9·11"事件发生后，证券交易委员会也曾出台紧急指令，对上市公司回购股份时间及数量限制做出调整，导致美国股市在股票复牌第一天就有 79 家上市公司宣布回购股份。

　　为了增强股份回购过程中投资者利益保护，证券交易委员会于 2003 年 11 月 10 日对 1934 年《证券交易法》的规则 10b－18 做了二十多年来首次重大修改，除了对规则的四个条件做出更新以外，开始要求公司披露回购相关信息，提高股份回购的信息透明度。按照规则 S－K 的新条款 703，上市公司必须在季度报告和年度报告里按月列示季度内股份回购状况，具体需要披露：股份回购总数量、平均回购价格、前一季度内公司所回购股份数量、最大计划可能回购的数量或者金额；此外，需采用脚注形式披露股份回购计划的基本内容，具体包括：回购计划的公告日期、董事会批准的回购数量或金额、回购计划的有效期限、本期内到期的回购计划、本期间内到期前公司已经中止的回购计划或公司没有意图实际回购股份的计划以及超出公开宣告回购计划以外回购股份等。规则 S－K 新条款 703 使得投资者能够跟踪了解公司是否实际回购股份以及在什么条件下回购股份。

总而言之，目前美国股份回购已经形成了由股份回购信息披露制度、反操纵条款（包括"安全港"规则 10b-18）以及禁止内幕交易条款三个部分组成的规则框架体系。

第一，股份回购信息披露要求。2003 年 11 月以前，美国仅仅要求上市公司就公开市场回购计划经过董事会批准这一事项进行公告，并不要求披露计划回购数量或金额、回购计划有效期限以及实际已经回购的股份数量等信息。2003 年 11 月（2003 年 12 月生效）证券交易委员会颁布了股份回购信息披露新规则，要求对股份回购活动按照规则 S-K 的新条款703 要求进行事后（after-the-fact）披露。无论股份回购行为是否有效遵循了"安全港"规则，回购公司必须遵循股份回购新信息披露规则。

第二，股价操纵和"安全港"规则 10b-18。之前美国股份回购受到1934 年《证券交易法》反操纵条款管制。如果回购目的在于驱动股价上升，通过股份回购增加股票的市场需求，股份回购可以被视为价格操纵行为，而"安全港"规则 10b-18 为股份回购提供了一个免于股价操纵指控的"安全港"保护条款。只要回购股票时遵循规则中的方式、时机、价格和数量的相关条件，股份回购公司就免于价格操纵责任，使得管理者更加愿意开展公开市场股份回购。"安全港"规则 10b-18 通常要求公司股份回购时：只能经由一个代理商或经纪人开展回购业务；不得在开市时或者在闭市前半小时内进行回购活动（修订后规则允许公司在闭市前 10 分钟之前回购股票）；日回购数量不能超过回购前四周内平均日交易量 25%；回购价格不得超过高于最高独立投标价和最新独立交易价格两者之间较高者。

第三，内幕交易与规则 10b-5。规则 10b-5 对内幕交易做出法律约束。按照该规则要求，当内部人（包括公司及其管理者）拥有实质性非公开信息时，禁止从事自己公司股票的交易；当公司管理者拥有公司股价低估信息时，公司不得回购股票。

3.2.2 中国股份回购制度演进历程分析

3.2.2.1 法规缺乏阶段（1994 年 7 月以前）

1993 年以前我国有关股份回购的规范极为稀少。1992 年《股份有限公司规范意见》第 53 条规定："公司非因减少资本等特殊情况，不得收购本公司股票，也不得库存本公司股票，特殊情况，须经有关部门批准以后方可进行。"这是我国与股份回购相关的最早制度条文。从 1993 年起有关公司股份回购的法律规范逐渐散见于一些法律、法规、规章中。1993 年 4月 22 日《股票发行与交易管理暂行条例》第 41 条对股份回购作了严格的原则性规定："未依照国家有关规定经过批准，股份公司不能购回其发行在外的股票。"为适应在境内设立的股份有限公司直接到香港地区发行股票和上市交易需要，1993 年 6 月 10 日国家体改委发布了《到香港上市公司章程必备条款》。与《股票发行与交易管理暂行条例》相比，该条款可操作性大大提高，首次对股份回购方式和资金来源作出规定，但其仅仅适用于香港地区上市公司。

3.2.2.2　逐渐规范阶段（1994 年 7 月~2005 年 6 月）

1994 年 7 月 1 日旧《公司法》对公司股份回购做出一系列规定，其主要体现在第 149 条规定："公司不得收购本公司的股票，但为减少公司资本而注销股份或者与持有本公司股票的其他公司合并时除外；公司依照规定收购本公司的股票后，必须在 10 日内注销该部分股份，依照法律、行政法规办理变更登记并公告。"这是中国股份回购最基本的法律规定。旧《公司法》仅规定了公司进行股份回购的回购事由和回购后股份处置，并没有对于回购价格、回购方式、资金来源和数量限制等做出明确规范。

为规范上市公司的组织和行为，维护公司股东和债权人的合法权益，中国证监会于 1997 年 12 月 16 日发布了《上市公司章程指引》。与旧《公司法》相比，该指引除了规定股份回购适用范围和回购股份注销外，还明确规定股份回购方式包括发出要约和公开交易方式，并提出适合中国国情的第三种方式"法律、行政法规规定和国务院证券主管部门批准的其他情形"。虽然没有对所谓"其他情形"应包做出具体解释，但为以后专门制定股份回购的法律规定埋下了伏笔。

3.2.2.3　重大突破阶段（2005 年 6 月以后）

2005 年 6 月 16 日中国证监会发布了《回购办法》，对于公司股份回购做出重大突破性规定：允许上市公司回购社会公众股份（流通股）。《回购办法》还对回购条件、回购方式、回购价格和回购程序等做出详细规定，明确了事前申报、事中披露、事后处罚的监管机制，强化股份回购的信息披露。《回购办法》细化了股份回购的程序规定，使股份回购更加具有可操作性。不过，由于旧《公司法》仍将公司回购股份的事由限于减资和合并，受此框架约束，《回购办法》仅仅对以减少注册资本为由回购社会公众股份行为作了具体规定，未能在回购事由方面有突破，该政策规定回购股份必须注销，不能作为库存股存在。

2006 年 1 月 1 日新《公司法》正式施行。其中第 143 条规定："公司不得收购本公司股份。但是，有下列情形之一的除外：（一）减少公司注册资本；（二）与持有本公司股份的其他公司合并；（三）将股份奖励给本公司职工；（四）股东因对股东大会做出的公司合并、分立决议持异议，要求公司收购其股份的。公司因前款第（一）项至第（三）项的原因收购本公司股份的，应当经股东大会决议。公司依照前款规定收购本公司股份后，属于第（一）项情形的，应当自收购之日起十日内注销；属于第（二）项、第（四）项情形的，应当在六个月内转让或者注销。公司依照第一款第（三）项规定收购的本公司股份，不得超过本公司已发行股份总额的 5%；用于收购的资金应当从公司的税后利润中支出；所收购的股份应当在一年内转让给职工。"由此项规定可以看出，新《公司法》放松了股份回购的限制，增加了两项公司回购股份的事由，即"将股份奖励给本公司职工"和"股东因对股东大会做出的公司合并、分立决议持异议，要求公司收购其股份"。新《公司法》允许将回购股份用于奖励公司员工，这在一定程度上引入了库存股制度，为上市公司管理层推行股权激励机制奠定了法律基础，使得我国股份回购制度向前迈出了一大步。

此外，一些相关制度规定，例如，国务院《关于推进资本市场改革开放和稳定发展的若干意见》、中国证监会和国资委发布的《关于规范上市公司与关联方资金往来及上市公司对外担保行为的通知》、国务院国资委发布的《关于上市公司股权分置改革中国有股权管理有关问题的通知》等，这些规定都对股份回购的实践与创新起到了推动作用。2006 年 1 月 4 日中国证监会为了进一步完善上市公司治理结构，促进上市公司规范运作与持续发展，发布了《上市公司股权激励管理办法（试行）》。其中规定，已完成股权分置改革的上市公司，可以实行股权激励，拟实行股权激励计划的上市公司，可以根据公司的实际情况，通过以下方式解决标的股票的来源：向激励对象发行股份；回购本公司股份；法律、行政法规允许的其他方式。这既解决了回购股份的出路问题，也解决了股票期权的来源问题。

2008 年 10 月 9 日，中国证监会发布《关于上市公司以集中竞价交易方式回购股份的补充规定》。该规定进一步对股份回购放松管制，取消了备案式行政许可，推行市场化操作，尽可能简化程序鼓励上市公司回购。根据该规定，进行回购操作的上市公司不再需要经证监会审批，只需要在股东大会做出回购股份决议后的次一工作日对决议进行公告，通知债权人，并将相关材料报送中国证监会和证券交易所备案，同时公告回购报告书。

通过中国股份回购制度的演进历程分析，我们可以发现，中国股份回购制度从最初的无章可循，发展到建立以《公司法》和《回购办法》为主体的制度框架体系。我国股份回购制度逐步得以完善，回购功能逐渐得到拓展，体现了逐步向西方成熟市场上股份回购制度接轨的发展趋势。

3.2.3 股份回购制度演进的比较分析

对比分析中美股份回购制度演变历程，我们可以归纳以下几点启示：

3.2.3.1 股份回购制度的焦点分歧在于自愿性规则还是强制性规则定位

美国股份回购制度的核心是"安全港"规则。作为唯一正式的股份回购规定，"安全港"规则降低了公司因股份回购而可能产生的诉讼风险，促进了股份回购发展。按照 Grullon 和 Michaely（2002）研究，在 1982 年"安全港"规则实施以前，尽管股份回购相对于股利具有税收优势，但由于存在被指控非法市场操纵的风险，阻碍了股份回购发展。随着该规则采用，公司不再受到股价操纵的指控风险，公司极大增加了年平均股份回购支出，该规则实施前仅仅 55 亿美元而规则实施后上升到 507 亿美元。[1] 但是，公司股份回购是否遵守"安全港"规则是自愿性的。如果没有遵守"安全港"规则，回购公司将无法受到该规则保护，然而不能够仅凭回购公司没有遵守该规则，就认为公司回购行为违法而承担法律责任。[2] 遵循

---

[1] Gustavo Grullon, Roni Michaely. Dividends, Share Repurchases, and the Substitution Hypothesis [J]. Journal of Finance, 2002（4）.

[2] 1999 年规则 10b - 18 被修订。市场范围的交易暂停时的时机条件被放松。例如，在市场范围的交易暂停以后再开盘时期所进行的回购也被纳入安全港保护的范围。

"安全港规则"的自愿性充分体现了美国股份回购制度的非强制性特点。然而，安全港规则的自愿性特征使得很多公司没有在回购过程中遵守该规则，于是人们对于该规则的有效性提出了质疑。Cook，Krigman 和 Leach（2002）研究表明，回购公司没有遵守该规则。1993～1994 年 54 个回购计划中严格遵循每个条款的不足 10%，大约 1/3 回购计划一次或多次违反每日交易数量限制，超过 85% 公司违反了规则中的报价条款，大约 10% 回购交易是在限定价格以上交易的。

相比较而言，中国股份回购具有较强的强制性特点。中国《回购办法》对回购条件、回购方式、回购价格、信息披露与回购程序等进行了详细规定，并要求严格执行，规范了上市公司回购社会公众股行为。《补充规定》虽然对回购放松管制，取消了备案式的行政许可，推行完全市场化的操作，但在放松管制的同时加强监管，提高市场操作的透明度。为严防上市公司回购过程中出现操纵股价和内幕交易，对回购价格和回购时间做出限制性规定。要求回购价格不得为公司股票当日交易涨幅限制的价格，回购股份不得在集合竞价和收盘前半小时，在上市公司定期报告、业绩预告、业绩快报公告前 10 日内或者重大事项依法披露的 2 个交易日内等时段不得回购股份，上市公司在公布回购股份方案起至回购股份完成之日后 30 日内，不得公布或者实施现金分红方案，回购股份期间也不得发行股份募集资金。当然，中国股份回购也不乏自主性和选择性。综观《回购办法》和《补充规定》，可以发现市场化原则贯穿于始终，充分体现了公司自治精神，赋予上市公司管理层及其股东充分的决定权和选择权，给上市公司提供了更多的操作空间。

3.2.3.2 股份回购规则逐步强调加大信息披露力度

Kim 和 Varaiya（2003）研究发现，非强制性披露要求会引发回购公司内部股东和外部股东的利益冲突：当公司回购股票以提升股价时，内部股东可以出售自己持有的公司股票，然而由于缺乏信息披露，外部股东无法知晓公司是否进行回购。为此，通过加强信息披露来防范内幕交易和市场操纵成为股份回购规则的发展趋势。在历经二十多年发展以后，美国首次对回购规则做出重大修订，开始要求公司披露回购相关信息，提高股份回购的信息透明度。要求上市公司必须在季度报告和年度报告里按月列示季度内股份回购状况，并以脚注形式披露公开宣告的回购计划基本内容。在此之前，美国仅仅要求上市公司就公开市场回购计划经过董事会批准这一事项进行公告。

相比较而言，中国股份回购信息披露的内容更加全面、频率更加高、形式更加正式。中国股份回购制度更加强调信息披露，以此来防范内幕交易及操纵股价。例如，《回购办法》要求披露前 10 名流通股股东的持股信息、公司高管人员及其亲属持股及买卖股票的自查情况；要求董事会在距回购期届满 3 个月时说明公司仍未实施回购的原因。《补充规定》强化信息披露时点，要求上市公司在首次回购发生、回购股份占总股本 1% 时，上市公司均需要公告，并定期公告回购进展情况；回购实施完毕的，上市公司应当公告已回购股份总额、购买的最高价和最低价以及支付的总金额。

3.2.3.3　中国股份回购制度有待进一步完善与发展

总的来说，美国股份回购制度已经形成了由信息披露要求、反操纵条款和内部人交易禁止条款三个部分组成的规则框架体系，三者之间相互补充。例如，美国除了少量股份回购汇总信息在季度和年度财务报表中提供以外，公司没有任何义务定期披露股份回购情况，这与内幕交易的信息披露形成鲜明对比，如果管理层个人参与回购，出售自己持有的公司股票，就必须立刻向美国证券交易委员会提供交易的详细报告，并以最简捷方式向公众公告。

中国回购制度在借鉴国际经验过程中，逐步向西方成熟市场上股份回购制度接轨，也从信息披露、反操纵和禁止内幕交易等方面做出了一些具体规定，但是尚处于逐步探索和完善阶段，未能形成一个完整的股份回购制度框架体系。相比较而言，中国回购制度尚存在一些不完善之处。例如，除非回购股份用于员工持股计划，否则必须依法予以注销，从而减少公司注册资本。这比西方资本市场上对已回购股份的处置范围要窄，在一定程度上限制了股份回购功能。

3.2.3.4　中国应结合自身特点制定相应规则，而不能一味照搬国外股份回购制度

（1）中国股份回购制度主要针对的是社会公众股（流通股），而对中国股票市场上应用更为广泛的定向回购采取回避态度，没有具体规定明确对定向回购做出约束。在当前股权分置的市场环境下，将回购股份的范围限定为流通股，在一定程度上保证了股份回购的可操作性和流通股股东利

益不受侵害，有其合理性。但是，如果现在股份回购制度能以定向回购作为侧重点，那么对于促进目前正在实施的股权分置改革将产生非常积极影响。因此，在提倡公开市场回购同时，也应积极提倡定向回购，为解决股权分置问题提供新途径。

（2）对于宣告股份回购后大幅度缩减甚至放弃回购计划的行为，都缺乏具体约束性规定。美国"9·11"事件后，在政府政策和爱国心理的双重影响下，美国各大上市公司陆续公布了回购股票计划。一周内宣布回购股份的公司数由事件前平均每周 10 家大幅升至 160 家。然而，宣布回购计划的公司只有约 50% 付诸实施。同样，作为中国第一家宣告回购社会公众股的上市公司，邯郸钢铁在 6 个月回购期满后只回购了约 750 万股，仅占其计划回购数量 9000 万股上限的 8.33%；而华电能源、华菱管线、山鹰纸业、银基发展、江苏阳光等公司公布回购方案后，回购就此不了了之。上市公司仅仅宣告回购计划而不予实施，与缺少强制性和惩罚性制度有关。《回购办法》仅规定，上市公司应当在回购的有效期限内实施回购方案，而对不予回购或者回购计划被严重打折如何处理并没有相应的配套制度。

3.3 中国股份回购行为取向特征：比较分析

3.3.1 美国股份回购总体发展状况分析

3.3.1.1 美国股份回购总体发展状况分析

为了深入了解美国股份回购发展状况，下面从股份回购公司数量、股份回购金额以及股份回购与公司盈余、公司现金股利之间变化趋势做简要分析。

如表 3-5 所示，20 世纪 70 年代前期，每年股份回购公司不到 630家；从 20 世纪 70 年代中期到 80 年代中期，每年大约 850 家公司回购股票；而从 20 世纪 80 年代后期到 90 年代初期，回购公司数量增加到每年大约 1000 家；在 20 世纪 90 年代中后期，回购公司数量进一步增加，在 1999 年达到最高 1640 家；此后，在 21 世纪最初几年内，回购公司数量均维持在 1000 家以上。

表 3 – 5 美国股份回购公司数目情况

年份	回购公司数（个）	年份	回购公司数（个）
1971	291	1988	1127
1972	380	1989	980
1973	606	1990	1091
1974	620	1991	977
1975	851	1992	823
1976	853	1993	861
1977	865	1994	921
1978	844	1995	1040
1979	844	1996	1180
1980	791	1997	1275
1981	812	1998	1534
1982	843	1999	1640
1983	791	2000	1494
1984	910	2001	1373
1985	969	2002	1229
1986	972	2003	1180
1987	1144	2004	1021

资料来源：Amy Dittmar, Robert Dittmar. The Timing of Stock Repurchases，2007.

表 3 – 6 按照时间顺序汇总了公司股份回购金额、公司现金股利和公司盈余。[①] 从中可以看到，在 20 世纪大部分时期内美国公司分配的主导形式是现金股利，而不是股份回购。在整个期间股利水平稳步增长，随着现金股利不断增加，股份回购的重要性也在增加。从现金股利和股份回购的数据对比可以发现，到 20 世纪 80 年代，股份回购才开始作为一种重要分配机制出现，例如，1972～1983 年，股份回购仅仅是现金股利很小部分，股份回购占现金股利比例绝大多数不超过 10%，而自从 1984 年，股份回购占现金股利比例突然大幅度上升到 40%，并逐渐增长，1998 年股份回

---

① 表 3 – 6 中主要依据的是 Compustat 的数据。股份回购的规模随着数据来源和计量方法不同而不同。Compustat 是根据公司权益账户的变化计算得出的。SDC 数据主要根据公司新闻发布和新闻专线中的公告统计得出的。华尔街杂志公告也是一个股份回购数据的来源渠道。数据计量不可避免的存在偏差。

购总额首次超过现金股利总额，在 1999 年、2000 年和 2004 年也出现这样状况。而对比股份回购与公司盈余发现，20 世纪 70 年代和 80 年代早期，股份回购占公司盈余比例不到 10%，而至 2000 年以股份回购形式分配给股东现金占公司盈余 55%，股份回购与公司盈余之间关系显示强劲上升趋势。

表 3 - 6 　　　　美国 1971~2004 年公司盈余、股利和股份回购情况

年份	盈余（百万美元）	股利（百万美元）	回购（百万美元）	股利/盈余（%）	回购/盈余（%）
1971	30222	14497	744	47.97	2.46
1972	35992	15161	1247	42.12	3.46
1973	45909	16545	1892	36.04	4.12
1974	49965	18363	1421	36.75	2.84
1975	47134	18854	714	40.00	1.51
1976	59722	21955	1079	36.76	1.81
1977	66021	26185	2895	39.66	4.38
1978	76733	29040	2520	37.85	3.28
1979	93030	32418	2852	34.85	3.07
1980	93779	36344	3684	38.75	3.93
1981	105487	44266	3637	41.96	3.45
1982	84403	46441	6197	55.02	7.34
1983	98743	50284	5441	50.92	5.51
1984	117821	51913	20677	44.06	17.55
1985	88798	48473	28220	54.59	31.78
1986	81561	56653	25896	69.46	31.75
1987	114670	61180	35754	53.35	31.18
1988	142380	73547	35704	51.66	25.08
1989	132468	68638	31420	51.81	23.72
1990	116570	69103	28649	59.28	24.58
1991	78327	68641	13975	87.63	17.84
1992	98913	72840	19146	73.64	19.36
1993	118411	74346	23671	62.79	19.99

续表

年份	盈余 （百万美元）	股利 （百万美元）	回购 （百万美元）	股利/盈余 （%）	回购/盈余 （%）
1994	192386	77291	29107	40. 17	15. 13
1995	210863	93407	48908	44. 30	23. 19
1996	252069	94097	59362	37. 33	23. 55
1997	256337	97570	84950	38. 06	33. 14
1998	238350	109647	120758	46. 00	50. 66
1999	276596	107897	136178	39. 01	49. 23
2000	240556	105846	131658	44. 00	54. 73
2001	− 119773	102995	94976	− 85. 99	− 79. 30
2002	17318	106944	90216	617. 53	520. 94
2003	341442	118544	104113	34. 72	30. 49
2004	395642	137289	155459	34. 70	39. 29

　　资料来源：Douglas J. Skinner. The Evolving Relation between Earnings, Dividends, and Stock Repurchases［J］. Journal of Financial Economics, 2006.

　　表 3 - 6 中数据还表明，股份回购规模总体上呈现波浪式发展形态。随着 1982 年"安全港规则"的采用和并购行为的盛行，1984 年股份回购规模突然放大，暴增近 4 倍。而伴随 20 世纪 90 年代初期的经济萎缩，公司大幅度缩减股份回购规模，1991 年股份回购金额达到低谷。20 世纪 90 年代后期股份回购活动不断增多，并于 1999 年达到股份回购规模历史新高。根据美林公布的数据，2005 年美国公司共宣布了 1380 项股份回购计划，涉及金额 4718 亿美元，2006 年这两个数据分别为 1503 项和 7030 亿美元，再次创造了股份回购数额最高纪录。而标准普尔 500 公司 1999 ~ 2007 年股份回购数据也反映了股份回购持续增长趋势，如表 3 - 7 所示。

表 3 - 7　　　　　　　　　标准普尔 500 公司股份回购数据　　　　单位：十亿美元

年份	市价	盈余	股利	回购	股利与回购比例（%）
2007	12867. 85	587. 23	245. 69	589. 11	6. 49
2006	12728. 86	734. 16	224. 25	431. 83	5. 15
2005	11254. 54	638. 22	201. 84	349. 23	4. 90
2004	11288. 60	545. 14	181. 02	197. 47	3. 35

续表

年份	市价	盈余	股利	回购	股利与回购比例（%）
2003	10285.83	450.37	160.65	131.05	2.84
2002	8107.41	253.52	147.81	927.25	3.39
2001	10463.39	222.74	142.22	132.21	2.62
2000	11714.55	432.73	141.08	150.58	2.49
1999	12314.99	397.12	137.53	141.47	2.27

资料来源：根据标准普尔 500 公司季度股份回购信息披露资料汇总整理。

3.3.1.2 美国股份回购基本方式的比较分析

从股份回购的实际运用情况来看，股份回购主要采用三种方式：公开市场回购、要约回购（固定价格要约回购和荷兰式拍卖回购）和私人协议回购。

公开市场回购是指公司在股票市场上以等同于任何潜在投资者的地位，按照公司股票当前市场价格，通过经纪人购买自己公司股票。公开市场回购有以下特点：成本较低；通常被用来回购较小比例股份；时间期限一般比较长，从几个月到几年；[1] 回购公告的股价效应不高；[2] 回购计划完成比例中等。[3]

要约回购是指公司在特定时间以高出股票当前市场价格的水平发出要约回购既定数量股票。要约回购是公司在较短时期内回购大量股票、快速而大幅度调整资本结构的有效机制。要约回购具有周期短，回购比例大等特点。[4] 要约回购具体又分为固定价格要约回购和荷兰式拍卖回购。在固定价格要约回购方式下，公司通过投资银行发出以预先确定价格购买一定比例公司股票的要约。当接受要约的数量超过预定时，公司通常拥有增加回购数量的权利；当接受要约的数量没有完全达到预定，公司有权选择购买接受要约的股票或者放弃所有的要约。固定价格要约回购具有以下特

---

[1] Stephens 和 Weisbach（1998）认为公司完成公开市场回购计划的时间大约需要 3 年。

[2] 回购公告的平均股价效应为 4% 左右（Ikenberry，Lakonishok and Vermaelen，1995；Grullon and Michaely，2002）。

[3] 由于回购计划无须一定实际执行，公司实际回购股票可以远远低于宣告的目标回购数量，宣告的回购计划预计完成比例在 53% ~72%。

[4] 回购期限一般为一个月；回购比例一般为 15% 左右（Vermaelen，1981；Comment and Jarrell，1991；Bagwell，1992）。

点：它赋予所有股东向公司出售其所持股票的均等机会；能够以既定价格在短期内大量回购股份；通常会被市场认为是更积极的信号；由于回购价格通常要求溢价，回购成本比较高；如果回购价格确定不当，可能会出现接受要约过度或不足的局面。在荷兰式拍卖方式下，公司确定需购买的股票数量、回购价格的范围和要约有效期限，然后股东在设定的价格范围内提出所能接受的最低出售价格和愿意出售的股票数量进行投标，公司汇总所有有效投标数量和价格，按照从低到高的顺序排列，根据计划回购数量确定最低回购价，按照这个价格支付给所有接受要约的股东，即使他们提交的价格低于这个确定的价格。如果报价低于或等于该回购价格的股票数量多于公司事先设定的回购数量，公司可能按比例购买。如果股东提供的股票数量太少，公司或者取消这次回购，或者以设定的最高价格购买股东所提供的全部股票。荷兰式拍卖回购方式的优缺点与固定价格要约回购方式基本相同。荷兰式拍卖回购方式下由公司根据股东申报汇总形成的"价格—数量"曲线确定回购价格，给予了公司更大的财务灵活性，因而回购成本总体上比固定价格要约回购要低。

　　私下协议回购是指无须通过股票经纪人，直接从个体股东处收购股票。私下协议回购方式的特点在于：方案的成功与否取决于大批量持有股票的股东；如果以超高溢价进行批量购买，则对出售股票股东的区别待遇可能引发其他股东不满。表 3 - 8 详细汇总列示了三种基本股份回购方式所具有的主要特点。

表 3 - 8　　　　　　　股份回购三种基本方式的主要特点

回购特征	要约回购	公开市场回购	私人协议回购
回购数量	具体明确	没有具体明确	具体明确
时间期限	短	较长	短
频繁程度	不经常	经常	偶尔
规模	最大	较小	有大有小
披露程度	高	不确定	无法得知
是否管制	是	是	是
授权公告	是	有时	有时
完成公告	是	有时	有时
信息含量	大	小	不确定
谈判代表	公司	经纪人	公司或特殊代表

续表

回购特征	要约回购	公开市场回购	私人协议回购
能否撤销	是	是	是
发起人	公司	公司	公司或股东
回购价格	溢价	市价	折价或溢价

　　基于三种基本回购方式具有的不同特点，它们在实际运用中发展状况也存在较大差异。在 20 世纪 80 年代荷兰式拍卖回购和固定价格要约回购的相对重要性还比较高，两者占各种回购总额的比例随着股份回购的发展逐渐在降低。随着"安全港"规则的采用，公开市场回购规模极速上升，成为应用最为广泛的主导回购方式。在 20 世纪 90 年代后期公开市场回购方式得到进一步发展，1998 年公开市场回购占所有回购股票价值的比例超过 95%；2003 年大约 94.5% 股份回购采用了公开市场回购方式。

3.3.2　中国股份回购总体发展状况

　　从 1992 年豫园减资合并案例最早出现股份回购身影开始，截至 2008 年 12 月，中国上市公司一共有 56 家公司发布了股份回购公告，具体股份回购类型及其年份分布如表 3 - 9 所示。[①]　其中，1998 年以前有 3 家，全部采用定向回购方式，股份回购的政府色彩比较浓。1999 年共有 4 家，创下了我国股份回购的一个小高峰。从 2000 ~ 2004 年，受政策面影响，定向回购严重萎缩，仅 2000 年有 1 家。2005 年，同样受政策因素作用，股份回购再度兴起，掀起新的发展高潮，股份回购形式也发生重大变化，公开市场回购首次出现，当年共有 11 家公司发布股份回购公告，其中有 6 家为公开市场回购，另外 5 家为定向回购。2006 年股份回购出现新高峰，而且股份回购方式转为以定向回购为主。2007 年和 2008 年股份回购再次减少，仅有 4 家。

---

　　① 根据笔者所收集的资料，除了这 56 家公司以外，尚有其他公司有股份回购计划，但是由于其回购计划的特殊性，将其排除在外，没有列入其中。具体包括云铝股份、湖北兴化、三联商社。

表 3 − 9   中国股份回购及其年份分布

年　份	定向回购公司（个）	公开市场回购公司（个）
1998 年以前	3	
1999	4	
2000	1	
2001	0	
2002	0	
2003	0	
2004	0	
2005	5	6
2006	30	3
2007	2	
2008		2
合计	45	11
占总体比例（%）	80	20

综观中国股份回购的整体分布情况，我们可以发现，中国股份回购的实践活动呈现以下几个方面的特征：

第一，整体规模依然较小。1900 多家上市公司中只有 56 家发布了股份回购公告，仅仅占 3% 左右，说明股份回购只是上市公司中一个代表性不强的小群体现象。

第二，从具体年份分布来看，具有间断性发展特征，呈现了较大波动。定向回购在早期漫长时期里，虽然总数不多，但是时有发生，并于 1999 年呈现了一个小高峰，在经历了 5 年完全停止以后，于 2005 年和 2006 年再度呈现高峰发展态势。公开市场回购则是在 2005 年才开始出现，但是并没有表现出预期的强劲发展趋势。

第三，从回购类型方面来看，以定向回购为主。在 56 家股份回购公司中，定向回购有 45 家，占总体 80% 左右。

中国股份回购之所以呈现如此特征，有其深刻的制度背景，这将在后面相关章节具体加以分析。从上述分析中可以看出，中国股份回购发展历程大体上可以分为三个阶段，每个阶段都呈现了鲜明的特征。详细阐述如下：

（1）探索期（1992～2000年）。1992年大豫园作为小豫园的大股东，把小豫园所有股票全数购回并注销的案例，可以看成是中国股票市场第一例为了合并而实施股份回购的成功个案。但从当时的外部环境看，这一合并回购谈不上什么商业色彩，政府行为起了重要作用。紧接着，陆家嘴和厦门国贸通过回购注销原有股票来实施上市发行新股，进而进行股本扩张。

此三个为减资或者合并而进行的股份回购可谓是我国股份回购的最早尝试，但并没有激发市场对股份回购的浓厚兴趣。直到1999年云天化与申能股份国有股的成功回购，国有股回购才引起市场的广泛关注，并成为当年证券市场的一个亮点。此后，冰箱压缩、沪昌特钢和长春高新也相继发布了国有股回购公告。而其中长春高新2000年6月发布公告，计划协议回购并注销7000万股国家股，股份回购所用资金来源为开发区管委会归还公司的2.4亿元，开创了以应收欠款回购股份的先河，这也是后期"以股抵债"的最早雏形。

这一阶段股份回购的显著特征，就是股份回购数量并不多，在历时八年期间，仅仅有8家发布股份回购公告；但是回购形式多有不同，回购动机有合并、发新股和国有股减持，回购支付方式既有现金方式也有资产方式，甚至有债权方式。股份回购形式多样性表明我国股份回购早期缺乏统一规范和约束，表现出探索特征。在相关制度不健全的情形下，国有股回购引发争议颇多，国有股套现动机为市场所怀疑，导致国有股回购并不被市场所看好，股份回购在经历了漫长的探索和短暂的兴起以后，反而进入了长久的停滞时期。

（2）停滞期（2001～2004年）。2001年起，受政策面影响国有股回购趋于平静，2001～2004年国有股回购处于真空状态。[①] 2001年6月12日国务院正式发布《减持国有股筹集社会保障资金管理暂行办法》，这标志着国有股减持工作正式启动。办法的核心是第五条：国有股减持主要采取国有股存量发行的方式。凡国家拥有股份的股份有限公司（包括在境外

---

① 2001年5月25日，为解决大股东配股资金不实的问题，ST康赛拟以定向股本回购的方式，收购公司大股东黄石康赛实业发展有限公司在1998年度配股过程中承诺认购的5371056股。在此次法人股回购中，ST康赛执行的是1998年的配股价格——每股12.80元，但ST康赛的每股净资产仅为0.8元。ST康赛以高达净资产16倍的价格回购大股东所持股份，这在中国股市尚属首例。后来由于大股东所持股份处于冻结和质押状态，未能实施。

上市的公司）向公共投资者首次发行和增发股票时，均应按融资额的10%出售国有股；股份有限公司设立未满三年的，拟出售的国有股通过划拨方式转由全国社会保障基金理事会持有，并由其委托该公司在公开募股时一次或分次出售。国有股存量出售收入，全部上缴全国社会保障基金。即新发、增发股票时，应按融资额的10%出售国有股。最受争议的是第六条，即"减持国有股原则上采取市场定价方式"，把高价减持和首发、增发"捆绑"起来。然而，2001年10月22日中国证监会紧急叫停《持国有股筹集社会保障资金暂行办法》。2001年10月23日中国证监会宣布暂停国有股减持。2002年6月23日，国务院决定，停止通过国内证券市场减持国有股，并不再出台具体实施办法。

　　这个时期的显著特征就是，受国有股减持政策从提出到停止的短暂而急剧的变化过程影响，作为国有股减持方式之一的股份回购实践受到严重制约和打击。

　　（3）崛起期（2005～2008年）。2005年4月29日中国证监会发布《关于上市公司股权分置改革试点有关问题的通知》，在股权分置改革政策的驱动下，激发了股份回购与股权分置改革配套方案的出现。当年就有5家公司发布与股权分置改革方案配套的国有股协议回购公告，回购资金支付也多是以大股东所欠应收款项抵偿。

　　在证券市场长期低迷走势中，2005年6月16日中国证监会发布《上市公司回购社会公众股份管理办法（试行）》，意图通过此举提升低迷的市场人气，并能为股权分置改革创造良好的外部环境。作为对政策的回应，次日就有邯郸钢铁发布以公开市场竞价方式回购社会公众股，典型的案例和明朗的政策驱动了回购社会公众股的浪潮，随后，华菱管线、银基发展、山鹰纸业、江苏阳光、九芝堂等上市公司也发布流通A股回购公告。2006年1月1日修订后的公司法正式施行。公司法放松了公司股份回购的限制，对股份回购给予合法地位的极大肯定，点燃上市公司参与股份回购之热情，将股份回购推向新高峰。2006年度有30家公司发布回购公告，一年所发布的回购公告超过占历年所有股份回购公告数量2倍多，其中，定向回购有30家，公开市场回购有3家。此后，随着股票市场持续低迷，政府进一步放松对股份回购的监管政策，先后有4家公司宣告股份回购计划。

　　这一阶段显著特征就是：在股权分置改革推动下，定向回购再度兴起；在《回购办法》驱动下，公开市场回购首度出现；在上市公司清理大股东占用资金政策影响下，股份回购大多采用以大股东占用资金款项抵偿方式加以支付；《公司法》进一步拓宽了股份回购范围，巩固了股份回购的合法地位。

从表 3 - 10 中可以清晰看出三个阶段的特点：第一阶段为探索阶段，漫长时期里不时有着不同形式的股份回购，当然，定向回购是主体形式；第二阶段为停滞阶段，没有股份回购发生；第三阶段为崛起阶段，定向回购与公开市场回购全面兴起。

表 3 - 10   中国股份回购阶段分布

时间阶段	定向回购公司数（个）	流通股回购公司数（个）	合计（个）	百分比（%）
第一阶段 1992～2000 年	8		8	14
第二阶段 2001～2004 年	0		0	
第三阶段 2005～2008 年	37	11	48	76

3.3.3 中国股份回购的行为取向特征

3.3.3.1 股份回购方式以定向回购为主

中国对股份回购方式的规定与国外基本一致，其内容涵盖了国外各种回购方式。中国《上市公司章程指引》第二十五条规定："公司购回股份，可以以下列方式之一进行：（1）向全体股东按照相同比例发出购回要约；（2）通过公开交易方式购回；（3）法律、行政法规规定和国务院证券主管部门批准的其他情形。"而《回购办法》第九条规定："上市公司回购股份可以采取以下方式之一进行：（1）证券交易所集中竞价交易方式；（2）要约方式；（3）中国证监会认可的其他方式。"

就上市公司回购实际状况来看，中国上市公司大都采用定向回购和公开市场回购这两种方式，而其中定向回购占大多数，公开市场回购出现比较晚、相对较少。如表 3 - 11 所示，中国上市公司股份回购主要方式为定向回购，共有 45 家，占 80%；其次为公开市场回购，共有 11 家，占 20%。

表 3 - 11		中国股份回购方式分布	
回购类型	定向回购	公开市场回购	合计
公司数（个）	45	11	56
百分比（%）	80	20	100

3.3.3.2　资金来源较多依靠资金占用款

常规性股份回购资金来源一般都限制在自有资金、公司盈利等范围之内，主要因为：首先是保护债权人利益。股份回购会减少总股本，任何减资行为都会影响公司偿债能力，规范回购资金来源是为了防止过度举债对债权人利益冲击；其次是规避道德风险和逆向选择。这样一方面可以降低公司股份回购的任意性，另一方面可以强化监督作用，一定程度上抑制败德行为的发生；再者是保证公司持续经营需要。

中国现有法规中没有就回购资金来源做出详细规定，《回购办法》中仅要求公司董事会予以披露"拟用于回购的资金总额及资金来源"，并无其他条款对其施加限制。一般情况下，上市公司应该首选自有资金对股份进行回购，但对于很多上市公司而言，现金回购难度较大。由于历史原因，中国证券市场中控股股东占用上市公司资金情况非常严重，国家相关政策文件对于以金融创新解决控股股东资金占用问题做出相关规定。[①] 这使得资金占用款成为最常使用的资金来源。从表 3 - 12 可以发现，最常使用的资金来源是资金占用款，有 24 家，占 43%；其次才是自有资金，有17 家，占 30%；资产作价回购有 12 家，占 21%。在自有资金回购方式中，有 6 家是定向回购，其余 11 家为公开市场回购，也就是说，公开市场回购全部采用的是自有资金方式。而以资金占用款作为资金来源的全部是定向回购。

---

① 《国务院关于推进资本市场改革开放和稳定发展的若干意见》："规范控股股东行为，对损害上市公司和中小股东利益的控股股东进行责任追究"、"各地区、各部门要切实履行《公司法》等有关法律法规规定的职责，采取有效措施防止和及时纠正发起人虚假出资、大股东或实际控制人侵占上市公司资金的行为"。中国证监会和国资委发布的《关于规范上市公司与关联方资金往来及上市公司对外担保行为的通知》中规定"上市公司及关联方占用的资金，原则上应当以现金清偿。在符合现行法律法规的条件下，可以探索金融创新的方式进行清偿，但需按法定程序报有关部门批准。"

表 3 – 12　　　　　　　　上市公司股份回购资金来源分布

资金来源类型	自有资金	资产作价	资金占用款	其他
数量（个）	6 + 11	13	23	3
百分比（%）	30	21	43	6

注：其他方式主要是指同时运用两者方式以上的混合方式。

3.3.3.3　定价基准趋于市场化

西方股份回购价格的确定往往以市价作为参考基础。采用不同回购方式，其回购价格也有所不同。若采用公开市场回购方式，回购价格一般以回购当时的市场价格为准；而固定价格要约则是以某一固定的价格（一般有一定的溢价）作为回购价格；荷兰式拍卖收购则是根据股东申报的数量和价格来确定回购价格。

中国股份回购主要有定向回购和公开市场回购，不同方式的定价模式也不相同。股改之前，中国股份回购以定向回购为主。中国相关法律法规要求，不能低于每股净资产进行回购。在每股净资产基础上，公司可以制定出一个回购价格区间，在此区间内实施回购。这就决定了定向回购价格必须以每股净资产为基础。而针对公开市场回购，回购定价原则主要是：参照国内证券市场和所处行业上市公司整体市盈率、市净率水平，结合目前股价状况、公司经营、财务状况及未来发展前景，同时以每股净资产值为基础，最终确定公司的股份回购价格。这初步体现了市场化定价趋势。而在同步进行的定向回购与股权分置改革方案中，定向回购定价依据通常为股权分置改革方案实施后首个交易日起连续 20 个或 30 个交易日收盘价的算术平均值，但不低于公司年初每股净资产，更加充分体现了股份回购市场化定价的发展趋势。

从表 3 – 13 中可以发现，每股净资产基准是中国股份回购定价基准的主导形式，有 45 家公司采用，占 81%，而每股市价基准有 11 家，占 19%。具体而言，45 家定向回购公司中，34 家采用每股净资产作为定价基准进行适度溢价调整，11 家以股权分置改革方案实施后首个交易日起连续 20 个或 30 个交易日收盘价的算术平均值为基础进行折价调整，同时以每股净资产作为最低回购价格基准。虽然 11 家公开市场回购均宣告以每股净资产作为基准定价，实际上，如果回购价格低于市价，公开市场回购根本无法实施。由于每股市价普遍高于每股净资产，公开市场回购宣称以每股净资产为基准，限定了回购价格的下限，实际上公开市场回购都是基于实际市场价格来确定的。由此可见，中国公开市场回购定价基准较为统一，都是以每股净资产作为回购价格最低基准，具体根据实施回购时市价确定。而中国定向回购价格标准差异较大，存在每股净资产溢价调整和市价折价调整两种。

表 3 - 13　　　　　　　　上市公司股份回购定价模式分布

定价模式	每股净资产基准	每股市价基准
数量（个）	11 + 34	11
百分比（%）	81	19

3.3.3.4　定向回购实际实施程度较高

由于美国股份回购的信息披露制度并非强制性制度要求，公司可以自主选择是否披露回购的具体信息，对于股份回购具体实施完成情况，一般都不予以披露。很多公司仅仅宣告回购而并未实际回购股份。例如，美国"9·11"事件后各大上市公司陆续公布了股份回购计划，一周内宣布回购股份的公司数由事件前平均每周10家大幅升至160家。然而，宣布回购计划的公司只有约50%付诸实施。

与国外不同的是，中国股份回购制度要求及时披露股份回购具体实施情况，使得我们可以及时了解股份回购开展和完成情况。从表3－14中可以看到，截至2008年12月30日，56家发布回购公告公司中，除了1家受时间限制尚未开展以外，有9家明确取消了回购计划，占回购预告公司16%，有2家公司回购数量严重不足，与预告回购数量差距很多，而实际实施并完成回购计划的有44家，占回购预告公司的78%。由此可见，中国股份回购实际实施并完成的比例较高。

表 3 - 14　　　　　　　　上市公司股份回购完成情况分布

证券代码	公司名称	首次公告日期	完成情况实施公告日
600655	豫园商城	1992 年	1992 年
600663	陆家嘴	1994 年 10 月 30 日	1994 年 11 月 1 日
600755	厦门国贸	1996 年 4 月 19 日	1996 年 4 月 19 日
600096	云天化	1999 年 4 月 1 日	2000 年 12 月 5 日

续表

证券代码	公司名称	首次公告日期	完成情况实施公告日
600642	申能股份	1999 年 10 月 19 日	1999 年 12 月 24 日
600665	沪昌特钢	1999 年 11 月 29 日	取消
600619	冰箱压缩	1999 年 11 月 28 日	2000 年 9 月 6 日
000661	长春高新	2000 年 6 月 1 日	2000 年 12 月 23 日
600121	郑州煤电	2005 年 7 月 12 日	2005 年 12 月 28 日
600315	上海家化	2005 年 10 月 31 日	2006 年 6 月 9 日
600679	凤凰股份	2005 年 11 月 2 日	2006 年 1 月 5 日
600598	北大荒	2005 年 11 月 14 日	2006 年 3 月 16 日
600165	宁夏恒力	2005 年 12 月 31 日	2006 年 2 月 21 日
600637	广电信息	2006 年 1 月 17 日	2006 年 4 月 15 日
600339	天利高新	2006 年 2 月 7 日	2006 年 4 月 5 日
600839	四川长虹	2006 年 2 月 20 日	2006 年 4 月 13 日
600063	皖维高新	2006 年 2 月 27 日	2006 年 8 月 17 日
600810	神马实业	2006 年 3 月 1 日	2006 年 4 月 11 日
000848	承德露露	2006 年 3 月 3 日	2006 年 6 月 1 日
600075	新疆天业	2006 年 3 月 23 日	2006 年 5 月 8 日
600228	昌九生化	2006 年 4 月 8 日	2006 年 8 月 22 日
600199	金种子酒	2006 年 4 月 15 日	2006 年 6 月 29 日
600605	轻工机械	2006 年 4 月 17 日	2006 年 11 月 23 日
600765	力源液压	2006 年 5 月 8 日	2006 年 8 月 26 日
600506	香梨股份	2006 年 5 月 24 日	2006 年 7 月 11 日
600192	长城电工	2006 年 6 月 29 日	2006 年 11 月 14 日
000753	漳州发展	2006 年 6 月 12 日	2006 年 9 月 29 日
600746	江苏索普	2006 年 6 月 12 日	取消[①]
600727	鲁北化工	2006 年 6 月 13 日	2006 年 7 月 20 日
600203	福日股份	2006 年 7 月 10 日	2006 年 11 月 18 日
000697	咸阳偏转	2006 年 7 月 3 日	2006 年 8 月 8 日
600523	贵航股份	2006 年 8 月 2 日	2006 年 12 月 29 日
000776	延边公路	2006 年 9 月 11 日	取消[②]
600039	四川路桥	2006 年 11 月 6 日	2006 年 12 月 27 日

续表

证券代码	公司名称	首次公告日期	完成情况实施公告日
000576	广东甘化	2006 年 1 月 14 日	2006 年 3 月 9 日
000958	东方热电	2006 年 7 月 5 日	2006 年 10 月 19 日
600853	龙建股份	2006 年 8 月 28 日	2007 年 1 月 13 日
000798	中水渔业	2006 年 2 月 27 日	2006 年 4 月 25 日
600391	成发科技	2006 年 6 月 13 日	2006 年 7 月 29 日
000783	S 石炼化	2007 年 1 月 24 日	2007 年 12 月 20 日
000686	S 锦六陆	2006 年 12 月 30 日	2007 年 7 月 9 日
000728	S 京化二	2007 年 3 月 14 日	2007 年 10 月 24 日
000901	航天科技	2006 年 3 月 17 日	2006 年 4 月 21 日
600186	莲花味精	2006 年 9 月 14 日	2006 年 11 月 21 日
600340	国祥股份	2006 年 4 月 7 日	2006 年 6 月 5 日
600001	邯郸钢铁[③]	2005 年 6 月 17 日	2006 年 3 月 2 日
000932	华菱管线	2005 年 6 月 25 日	取消
000511	银基发展	2005 年 7 月 20 日	取消
600567	山鹰纸业	2005 年 8 月 26 日	取消
600726	华电能源	2005 年 8 月 4 日	取消
600521	华海药业	2005 年 12 月 2 日	2006 年 11 月 2 日[④]
600220	江苏阳光	2006 年 1 月 25 日	取消
000989	九芝堂	2006 年 2 月 8 日	2007 年 8 月 1 日
600066	宇通客车	2006 年 4 月 20 日	取消
000829	天音控股	2008 年 10 月 29 日	部分完成
000572	海马股份	2008 年 11 月 4 日	尚未展开

注：① 江苏索普取消原因：鉴于截止到 2006 年 10 月 31 日我公司对控股股东的其他应收款余额已降至 2041.56 万元、已经不足以支付定向回购价款，且控股股东经营状况良好、具备较强的现金偿还能力，且定向回购价格与目前"江苏索普"股票市场价格存在较大差距，为切实保护全体股东共同利益，提高上市公司质量，加快上市公司做大做强，促进国有资产保值增值，决定不再实施公司的定向回购方案。

② 延边公路的回购方案未获得证监会批准。

③ 邯郸钢铁回购严重不足，原先回购计划为 9000 万股，而实际回购仅 750 万股，占原计划 8.33%。

④ 华海药业回购严重不足，原先回购计划为原计划 1000 万股，而实际回购为 382.59 股，占原计划 38.3%。

进一步分析可以发现，在公开市场回购公司中，除了九芝堂实际完成回购计划以外，其他公司都存在回购严重不足、回购方案未获得批准或者回购期满并未实际回购等状况。由此可见，虽然《回购办法》进一步明确了公开市场回购的合法性，但是，无论主管部门和上市公司，都对公开市场回购持谨慎态度，回购方案的审批缓慢或实际回购比例偏低。相反，定向回购实际完成比例较高。45 家宣告定向回购公司中，只有两家（沪昌特钢、延边公路）未能获得批准和一家（江苏索普）放弃回购计划，其余 42 家公司均实际完成定向回购计划。

3.3.3.5　定向回购规模较大

进一步分析已实施的股份回购规模，可以发现，如表 3 – 15 和表 3 – 16 所示，回购股份最大为 100000 万股，最小只有 382.59 万股，平均为 12647.89 万股。回购股份占总股本比例最大值 79.73%，最小值为 3.11%，平均为 22.88%。与公开市场回购相比，定向回购规模较大。而公开市场回购中，除了九芝堂回购比例达到约 14% 以外，其他回购比例都不超过 2%。

表 3 – 15　　　　　　　　已实施定向回购规模情况

证券代码	公司名称	回购股数（万股）	占总股本比例（%）
600655	豫园商城	—	—
600663	陆家嘴	20000.00	27.30
600755	厦门国贸	10200.00	60.00
600096	云天化	20000.00	35.20
600642	申能股份	100000.00	37.98
600619	冰箱压缩	4206.28	9.95
000661	长春高新	7000.00	34.77
600121	郑州煤电	18086.00	22.33
600315	上海家化	10200.00	37.94
600679	凤凰股份	25000.00	41.40
600598	北大荒	12151.00	7.35
600165	宁夏恒力	6739.05	26.80
600637	广电信息	25737.14	28.50
600339	天利高新	4704.35	11.00

续表

证券代码	公司名称	回购股数（万股）	占总股本比例（%）
600839	四川长虹	26600.00	12.29
600063	皖维高新	2515.20	10.29
600810	神马实业	12400.00	21.90
000848	承德露露	12100.00	38.90
600075	新疆天业	2500.00	11.00
600228	昌九生化	4668.00	16.21
600199	金种子酒	8567.85	24.70
600605	轻工机械	6284.74	29.90
600765	力源液压	400.00	3.60
600506	香梨股份	1279.00	8.66
600192	长城电工	4082.00	12.70
000753	漳州发展	4445.36	12.33
600727	鲁北化工	2831.34	7.50
600203	福日股份	9850.51	33.80
000697	咸阳偏转	3084.89	14.18
600523	贵航股份	1236.73	5.62
600039	四川路桥	6800.00	27.32
000576	广东甘化	2474.75	10.00
000958	东方热电	4424.00	12.87
600853	龙建股份	9432.84	14.95
000798	中水渔业	6362.80	25.25
600391	成发科技	870.40	6.20
000783	S石炼化	92044.00	79.73
000686	S锦六陆	8682.55	53.55
000728	S京化二	24121.00	69.87
000901	航天科技	2827.66	12.75
600186	莲花味精	26397.57	29.86
600340	国祥股份	467.53	4.67

表 3 – 16　　　　　　　　　　已实施公开市场回购规模情况

证券代码	公司名称	回购股数（万股）	占总股本比例（%）	占社会公众股比例（%）
600001	邯郸钢铁	750.00	0.33	0.98
600521	华海药业	382.59	1.63	3.74
000989	九芝堂	3600.00	13.75	29.13
000829	天音控股			尚未展开
000572	海马股份			尚未展开

从以上描述性统计结果可以发现，与国外股份回购相比较，中国股份回购在回购方式选择、回购资金来源、回购定价模式、实际回购完成情况、实际回购规模等方面存在较大差异：回购方式以定向回购为主；资金来源较多依赖资金占用款；定价基准趋于市场化；定向回购实际实施程度较高；定向回购规模较大。由此可见，中国股份回购在回购方式选择以及行为模式设计上较为倾向定向回购，具有定向回购行为取向特征。

3.4　本章小结

首先，本章从宏观经济发展、资本市场发展、公司资本制度、公司股权结构、资金占用清欠政策等方面分析了中国股份回购所处的环境特征。

其次，从股份回购制度及其演变角度进行对比分析。通过对比分析中美股份回购制度演变历程，得出以下几点启示：第一，股份回购制度的焦点分歧在于自愿性规则还是强制性规则定位。第二，股份回购规则逐步强调加大信息披露力度。第三，中国股份回购制度有待进一步完善与发展。第四，中国应结合自身特点制定相应规则，而不能一味照搬国外股份回购制度。

最后，在概要描述美国和中国股份回购发展历程的基础上，对比分析了中国定向回购行为取向特征。研究结论认为，与美国股份回购行为相比，中国股份回购在回购方式选择、回购资金来源、回购定价模式、实际回购完成情况等方面存在较大差异。中国股份回购在回购方式选择上倾向于定向回购；回购资金来源较大程度依赖于资金占用款；回购定价逐渐趋于市场化；定向回购的实际实施程度和回购规模都明显较高于公开市场回购。

第 4 章

中国定向回购的制度约束与理论分析

依照前文所述，美国股份回购规模日益加大，回购公司数量进一步增加，伴随金融危机爆发，股份回购迎来发展的新高峰，而中国股份回购规模依然很小，截至 2008 年 12 月，至今只有 50 多家公司宣告回购。从回购行为模式看，与美国相比，中国股份回购在回购方式选择、回购资金来源、回购定价模式、实际回购完成情况等方面存在较大差异，尤其在回购方式上倾向于定向回购。在美国，伴随"安全港"规则的采用，公开市场回购由于成本较低、回购股份比例小以及时间期限长等特点而逐渐成为股份回购的主导方式，在最近二十年公开市场回购几乎占所有回购公告总价值的 91%。与此形成强烈反差的是，中国 56 家股份回购宣告公司中，定向回购有 45 家，占 80% 左右。即使在监管部门两次制定相关法规明确公开市场回购合法地位和放宽限制条件情形下，在面对金融危机浪潮冲击和股票市场持续下跌背景下，中国上市公司依然不热衷于美国资本市场占据主导地位的公开市场回购，先后只有 10 多家宣告回购流通股，而真正完成回购计划的只有九芝堂一家，其他公司都存在回购严重不足或未进行实际回购等状况。

面对种种异象，我们不得不反思：为何中国股份回购具有定向回购行为取向特征？产生这种行为取向的制度基础是什么？形成定向回购行为取向的理论依据是什么？定向回购公司究竟具有哪些财务特征？定向回购的行为模式具有哪些特点？定向回购能否真正实现财务协同效应，提升公司经营绩效，实现企业价值最大化？为此，本书后续章节将围绕定向回购对这一系列问题展开理论分析与实证研究。本章首先就定向回购行为取向形成的制度约束和理论依据展开分析。

4.1 中国定向回购的制度约束分析

在证券市场建立初期，由于意识形态原因，要求所有国有企业改制的上市公司必须保持国有股的绝对控股地位，并且国有股不得转让给任何机构和个人，由此导致上市公司中形成一种流通股与非流通股构成的二元股权结构和国有上市公司的一股独大特征。这些制度特征对上市公司的财务行为、治理行为等产生了重要影响，构成了企业在进行包括股份回购在内的一系列决策的约束条件，直接导致了上市公司股份回购行为的变异现象。以下将从这些制度约束条件出发，对中国定向回购行为取向进行具体分析，试图说明定向回购是上市公司在这些制度约束条件下的必然选择。

4.1.1 股份回购制度局限与定向回购取向

面对金融危机对于股票市场价格的冲击，很多公司宁愿采用大股东增持，也不愿意采用股份回购，以实现稳定股价目的。虽然监管部门为了稳定股票市场不断出台新规以推动股份回购发展，但是，股份回购新制度的出台或修订并未激发起上市公司的参与热情。然而，2008 年 8 月中国证监会对《上市公司收购管理办法》进行了修订，使得上市公司股东增持行为更具有灵活性。时至今日，这一政策调整受到了上市公司股东积极响应。据统计，新规发布后的 8 月底至 11 月初，沪深两市 100 多家上市公司发布股东增持公告 518 次，增持股份市值约 250.46 亿元。大股东增持和回购流通股的差异在于：大股东增持的股份不必注销，可以以后再次在市场流通；增持可以享有股东权益，而回购的股份按照现行法规，除了为了股票期权计划以外都必须注销。股份回购，尤其公开市场回购在中国资本市场遭遇冷落，与现行股份回购制度存在的不足有着密切关系。从此意义上来看，只有深入推广库存股制度，才能使得股份回购，尤其公开市场回购，得到广泛应用。现行股份回购制度的局限性造成我国倾向于定向回购方式。

4.1.2　股权制度缺陷与定向回购取向

中国证券市场存在着非常明显的分割现象，突出地表现在对大部分股票流通权利的限制上。在这样的畸形股权结构下，由于国有所有者出资者"虚位"，委托代理问题非常明显，而相应的流通权利限制又导致大股东丧失了流通所能够代理的相应利益。在这种情况下，相应的股权利益权益体系残缺，增大了流通股东和非流通股东之间利益基础的差距，因此大股东就要通过非常规的行为来实现自己的利益最大化。

由于非流通股不流通，市场波动与控制股东自身资产价值无关，因此控股股东在影响股东管理层决策时不是以维护流通股股东利益为立足点，其行为模式发生变异。在目前我国股票市场股权分割状态下，即国家股和法人股等非流通股与流通股并存，且非流通股占控股地位的状态下，公开回购流通股方式并不会给国有股、法人股等非流通股股东带来现实利益，获得股价上升直接收益的是流通股股东。但是，定向回购非流通股则可以给予非流通股股东带来现实收益，如抵偿消除所欠债款、获取实在现金流。基于此，定向回购就成为控股股东的理性选择。

4.1.3　清理资金占有政策与定向回购取向

由于历史原因，大股东和上市公司之间存在着"脐带关系"，股东欠上市公司债成为资本市场上宿疾，导致上市公司账面应收款的坏账、呆账越来越多，资产严重虚增，而且还要计提高额的坏账准备，严重影响上市公司利润和资产质量，打击投资者的信心。在实行"以股抵债"形式的定向回购后，上市公司卸下了有名无实的应收款挂账包袱，提高了资产质量，改善上市公司财务状况，提高上市公司的资产质量，同时也降低因应收账款过大形成的公司财务风险。"以股抵债"形式的定向回购不仅在形式上解决了大股东占款的问题，而且在一定程度上解决现行股权制度安排中的"一股独大"问题，从制度方面缓解侵占问题。2005 年 11 月国务院批准《关于提高上市公司质量意见》，提出了"务必在 2006 年年底前偿还完毕"的要求，股份回购作为清理上市公司资金占用和股权分置改革配套方案，在 2006 年得以充分发展，一年内发生实际实施股份回购 32 家。

4.1.4 股权分置改革趋势与定向回购取向

作为制度性缺陷，股权分置的存在形成了上市公司内部人控制现象，扭曲了证券市场的定价机制，压抑了市场活力，阻碍了市场应有功能的发挥，不利于中国资本市场的健康发展。随着改革不断推进及市场经济快速发展，这些缺陷与不足不断显现，日益成为制约中国资本市场及整个社会经济高效发展的严重阻碍。因此，推进股权分置改革，从根本上解决中国股市发展中存在的股权结构不合理问题，为资本市场构建规范、健康发展的制度基础，是中国证券市场发展到现阶段的客观要求和必然选择。解决股权分置的问题是要减少非流通股比例。定向回购可以使处于绝对控股地位的控股股东的持股比例较大幅度下降，使绝对控股股东向相对控股股东转变，甚至导致控股股东丧失控股地位，从而优化公司股本结构，改善公司治理。从制度安排上说，定向回购不失为一项较为有利的股权分置解决方案，为上市公司解决股权分置问题找到了突破口。相对而言，上市公司公开市场回购流通股是与股权分置改革冲突的。流通股回购增加了非流通股比例，不利于股权分置改革的推行。

4.1.5 企业上市融资本质与定向回购取向

中国资本市场建立的初衷是运用现代企业制度改造国有企业，解决国有企业的资金问题。国有企业的主要资金来源在改革开放以来，经历了从财政拨款到银行贷款，再以发行股票及债券的演变。强调股票市场的融资功能，希望通过股票市场的发展来解决国有企业的资金问题，一直是政府对发展中国股票市场的功能定位。对股票市场融资功能的过分强调，导致了中国资本市场优化资源配置的功能没有得到应有的发挥。从发达资本主义国家资本市场的发展经验来看，资源配置的功能应该是资本市场最主要的功能，也是资本市场在宏观经济运行中能占有重要地位的根本原因。中国资本市场功能定位的偏差和缺陷，造成了中国上市公司上市目的就是为了融资。上市资格与额度更多是做一种资源分配给有困难的国有企业。对于上市公司而言，如果公开回购流通股，就必须动用大量现金，回购股份通常必须予以注销，这些显然是与其融资的初衷相悖，所以上市公司难有公开回购流通股的动力。而在定向回购过程中，上市公司可以采用不良资产或者资金占用款作为资金来源回购股份，而无须动用大量现金。从此意义来说，股份回购要真正得以广泛应用，必须与融资或再融资政策结合起来。融资或再融资政策必须市场化，上市公司才有动力公开回购流通股。

以上对中国定向回购行为取向从现实制度安排角度进行了剖析。如何对中国上市公司股份回购进行理论解释呢？本章试图利用目前主流股份回购理论，对这一问题进行探悉。

4.2　中国定向回购的理论分析：经典理论的应用局限

4.2.1　信号传递动因的缺失

信号理论是当前解析股份回购的主流理论。股份回购信号理论认为，管理当局与企业外部投资者之间存在信息不对称，管理当局占有更多的有关企业未来现金流量、投资机会和盈利前景等方面的私人信息，管理当局可以通过股份回购向市场传递公司股价被低估，以及公司将有良好的发展前景的信号，以期达到提升股价和公司形象的效应。西方基于股份回购信号理论的实证研究取得丰硕成果，例如，Comment 和 Jarrell（1991）研究了固定价格回购、荷兰式拍卖回购和公开市场回购这三种回购方式的公告效应后发现：固定价格回购公布后，公司股票平均 11% 的超常收益率；荷兰式拍卖回购公布后，公司股票平均有 8% 的超常收益率；公开市场回购公布后，公司股票平均有 2% 的超常收益率。他们认为对于这三种回购方式，管理者面临的风险不同（支付的溢价越高，管理层面临的风险越大），因而信号传递效应不同。要约回购的信号传递效应最强，公开市场回购的信号传递效应最弱，所以市场对要约回购宣布的反应最强，对公开市场回购宣布的反应最弱。

股份回购被认为是公司管理层向股东传递信号的一种方式。那么中国上市公司定向回购是否具有信号传递功能？能否用西方信号理论来解释我国定向回购行为及其效应呢？罗斯（Ross，1977）提出了有效信息传递工具必须满足的四个条件：第一，公司管理层有积极的动力发布真实的信号；第二，传递信息有效的企业具有不可模仿性；第三，信号应当与未来可观测事件有相关性（如较高的股份回购伴随未来更多的现金净流量）；

第四，不存在传递同样信息成本更低的替代方式。由此我们从四个方面来分析西方信号理论是否适于解释中国定向回购取向。

首先，管理当局是否有动力发布真实的信号。如果一项股份回购决策造成的损失大于带来的收益，管理层就不会传递虚假信息，即使企业经营业绩不佳，也照样传递真实的信息。西方的信息理论文献均是以存在经理层激励机制为出发点的，将经理层与公司的发展联系起来，经理一旦谎报信息就有可能导致来自市场最严厉的惩罚：破产，使得自身失去相应的职位和优厚的待遇；即便公司不破产，经理层也将为之付出高昂的代价，声誉的降低会直接导致其在经理人市场的激励竞争中处于劣势。而在中国，一方面，对经理层股份回购决策不当造成的损失没有有效的惩罚机制，来自市场的控制权转移的风险几乎不存在。当公司业绩变化或出现其他经理人认为有必要的情况，经理层可以改变股份回购决策，而经理层本身利益不会因为股份回购决策变化受到影响，在这种情况下，经理人没有动力一定要通过股份回购传递未来发展信息。另一方面，由于市场发育的缺陷，对于许多试图以股份回购传递信息的企业，市场不一定给予应有的正面反应，这与中国证券市场庄家借机炒作、拉升股价有关，这种状况的存在扭曲了股份回购与股价决定之间的内在联系，导致了股价背离，也打击了管理当局发布真实信号的积极性。

其次，关于股份回购的模仿性。利用股份回购传递信息是需要付出相应成本的。一是现金流约束，股份回购会对公司形成硬约束，对公司产生真正的财务制约；二是对外筹资成本，如果企业面临良好的投资机会，股份回购公司在对外融资时必然产生相应的成本，也就是说，利用股份回购传递公司信息需要承担较高的成本，这也使得股份回购模仿的难度加大。而在中国，对管理当局股份回购政策不当造成的损失没有有效的监督和处罚机制。如果公司业绩下降，经理层可以调整股份回购政策，或是通过资产重组等方式改变不利处境，而经理层本身的利益不会受到多少损失。正因为这样，业绩不同的公司可以通过互相模仿采取相同的股份回购政策，必然会导致对股份回购公司股票的正面反应，在这种情况下市场显然不能区分企业到底传递了何种信息。

再其次，如果股份回购确实能够传递信号，未来收益则应该按照相同方式增长，这种收益增长就是与回购相关事件。所以在发达国家证券市场有效的情况下，单独验证股票价格对股份回购反应的文献很多。而目前中国由于市场有效性的程度低，股价不能充分反映该期的全部信息，存在价格操纵现象，股价的随意波动掩盖了由正常途径传递的有用信息对股价的真实影响，市场价格对股份回购宣告事件的反应和企业利用资源的效率并不一致。此外，回购所传递的信号也是多向的、模糊的：回购有一个众所周知的正面信号，就是管理层似乎认为股票的价值被低估了。管理者可以亲自购买大量股票，以加强这种效应，因为市场参与者将他们视作真正的内部人士，认为他们有特权知道关于未来收益和增长前景的信息；另一个正面信号就是表明管理层的信心，即企业无须现金来满足未来的支出项目，如利息支出和资本支出；但回购也会发出一个负面信号：即管理团队认为未来没有什么投资机会了，暗示投资者将资金转投别处也许会更好。中国上市公司股份回购政策的形式和水平都不稳定，这也使得通过股份回购的支付来传递未来盈利增长的信号受到极大的限制，也使得单纯通过信号传递理论解释中国股份回购行为变得十分困难。

最后，存在传递同样信息成本更低的替代方式。大股东增持和回购流通股的差异在于，大股东增持的股份不必注销，可以以后再次在市场流通。增持可以享有股东权益，而回购的股份按照现行法规，除了为了股票期权计划以外都必须注销，回购后使得股本变小，并会影响到再增发的融资规模。从此意义来说，运用回购传递信息的成本要比增持高很多。受此影响，上市公司并未选择流通股回购。在中国目前的制度背景和市场环境中，信号传递理论难以有效解释中国股份回购行为。

4.2.2　抵御收购兼并动因的背离

按照西方股份回购理论，股份回购是公司实施反收购策略的有力工具，主要通过四个方面机制来实现：一是公司可以直接以比市价高出很多的价格公开回购本公司股份，促使股价飙升，提高收购成本，从而达到反收购的目的；二是如果公司现金储备比较充裕，就容易成为被收购对象，在此情况下公司实施"焦土战术"反收购，动用现金进行股份回购可以减少被收购的可能性；三是用于股份回购的资金除了自有资金外，公司还可通过银行贷款或发行债券方式筹资进行回购，反兼并的效果更好；四是通过股份回购减少公司流通在外股份，让收购者难以获得掌握公司控制权的股票数额。

20 世纪 80 年代以来，由于推行放开市场管制措施，美国公司间敌意收购活动大幅增加。公司管理层为了维持公司控制权，以股份回购形式反

对敌意收购，股份回购规模越来越大。回顾美国并购史可以发现，1984
年形成了一次强烈的并购浪潮，在此次并购浪潮中敌意收购是最大特点。
相对于 20 世纪 80 年代早期，1984～1989 年兼并活动的价值大幅度提升。
而 80 年代中期股份回购飙升到前所未有的水平，1987 年 780 亿美元的股
份回购是短短五年前的三十倍。在此期间，受到普遍认同的股份回购理论
假说就是抵御收购假说。Allen 和 Michaely（1995）研究认为，1983 年以
后股份回购的兴起与收购兼并浪潮密切相关，在此时期回购股票经常被再
次发行用以公司兼并。

自 1997 年以来，中国上市公司控制权市场发展迅速，上市公司控制
权交易的数量和交易额呈逐年上升趋势。自 2001 年起，上市公司控制权
转让的数量已经超过新股发行数量，基本上是新股发行数量的 1.5 倍左
右，已经成为社会资源再调整的重要手段。由于中国股权集中程度高，流
通股和非流通股割裂，对控制权收购产生显著影响。在成熟市场，接管者
发现上市公司管理层处于低效率，或者通过收购后整合能获得协同收益，
即使原控股股东不同意，接管者也可避开现有第一大股东而直接在二级市
场购入足够的股份，实现控制权转移，提高资源的配置效率。在中国，由
于非流通股比例一直高达 2/3，接管者无法在二级市场购入足够的股份实
现控制权转移，因此敌意接管在中国证券市场几乎不可能发生。如果接管
者要收购非流通股占多数的上市公司，只能通过与原大股东协商，签署协
议受让其股份。因此，目前控制权交易方式以协议转让为主。

从上述分析可以看出，在英美国等公司股权结构高度分散的国家中，
众多小股东缺乏参与公司治理动力和能力，股东主要依赖于"用脚投票"
为主的控制权市场，即当公司管理层经营效率低下、股价下跌时，无力监
控管理者的股东倾向于抛出股票，使公司可能成为被收购目标。此时股份
回购可以作为抵御收购兼并的有效措施。但是对于第一大股东处于绝对控
股或相对控股地位的公司而言，敌意收购可能性几乎没有，即只要第一大
股东不愿意转让股权，袭击者是很难或者根本不可能获得成功。由此可
见，中国股份回购缺乏以抵御收购兼并为目的的基础。相反，通过定向回
购第一大股东股权，可以使得公司第一大股东发生变更，公司控制权发生
转移。中国定向回购不仅不具备抵御收购兼并目的，反而可以促进公司控
制权转移。

4.2.3　股票期权计划动因的欠缺

近年来，现代公司理念已从单纯追求股东利益转向追求公司长期发展和相关利益者共享新增财富。薪酬激励是公司治理结构的重要组成部分，一个好的公司治理结构中，必然有相适宜的激励机制，用以协调所有者和经营者之间的矛盾，协调利益相关者各方的关系，使股东、经理、员工的利益趋向一致。这种追求公司长期发展和利益相关者共享新增财富的企业理念是股票期权激励应用越来越广的重要原因。西方国家的企业高级管理人员薪酬制度变化，是经过近几十年来不断创新发展而逐步形成的。在 20世纪 70 年代，绝大多数经理人员的报酬还仅限于基本工资和奖金。80 年代以来，以股票期权为代表的各种长期薪酬激励方案得到了广泛推行，并在企业家总体报酬中的比重不断上升。到了 90 年代，在美国企业家阶层的报酬总额中，通过股票期权等长期激励方案所获得的收益，一直稳定在20% ~30%。目前在美国很多公司中，企业家们通过股票期权所获得的收益，都超过了固定工资和奖金。

伴随着股票期权运用增加，股份回购不断增加（Liang and Sharpe，2000；Jolls，1998；Fenn and Liang，2001）。首先，增加有投票权的股票期权推动管理者回购和持有公司股份（Kahle，2002）。其次，增加经理股票期权促使管理者通过股份回购提升股价，从而减少股利分派（Fenn and Liang，2001；Jolls，1998）。最后，增加员工股票期权使得 EPS 分母加大，稀释 EPS，而股份回购可以用来冲销 EPS 的稀释效应。　（Weisbenner，2000；Bens，Nagar and Wong，2002；Brav et al.，2003）。对于 S&P500 公司，3/4 S&P500 公司从 1994 ~ 1998 年增加了股票期权计划，整个 S&P500公司的股票期权计划从 1994 年的占发行在外股份 1.0% 增加到 1998 年的1.6%，股票期权计划的规模在四年间增加了 40%。而股份回购已经从1980 年的占股利 10% 增加到 1997 年和 1998 年超过股利水平。

中国从 1999 年开始股票期权制度试点，早期试点企业如上海贝岭、中兴通讯等只有 9 家公司。截至 2006 年沪深两市共有 43 家上市公司公布了股权激励计划草案，不到上市公司总数 3%。从股票来源来看，绝大部分企业采用定向增发方式。除了深振业、格力电器、中信证券采用了大股东转让方式，万科、永新股份采用二级市场回购方式外，其余 36 家企业均采用定向增发解决股票来源问题。

以前由于中国相关法律的滞后，使得股票期权计划难以得到有效发展。例如，实行股票期权的公司必须储备一定数量的股票，以备期权持有者行权时使用，但中国旧《公司法》致使中国公司不可能像国外公司那样根据股票期权制度需要回购股票，严重阻碍股票期权制度在我国的推行，同时也限制了股份回购的发展。新《公司法》对股份回购的放松，将适应实施股票期权制度的需要，从而解决股票期权等股票激励制度的股票来源问题。万科 A 等都先后宣布通过股份回购方式获取股票，实现股权激励机制。但是，与美国相比，中国股票期权制度发展规模还很小，以满足股票期权制度需要而回购的动因依然不充分。

4.3　代理理论视角的中国定向回购分析：大股东控制权收益

4.3.1　代理理论的解释框架

代理理论着眼于企业内部的组织结构与企业中的代理关系。标准的委托代理理论建立在两个基本假设之上，即委托人对随机产出没有直接的贡献；代理人的行为不易直接被委托人观察到。以代理理论为指导的现代公司治理实践将受托人完全视为机会主义行为者，即视为为了追求个人私利最大化而损害委托人利益的"经济人"，体现了为防止管理人员（代理人）侵害所有者（委托人）财富的自利行为而实施严格控制的精神。

传统公司治理理论与实践重点关注的是公司所有者与经营者之间的利益冲突问题。在分散的股权结构下，由于普遍存在的"搭便车"问题，中小股东不能对管理层实施有效的监督，加之信息的不完全和不对称、契约的不完全性、管理层与股东的效用函数的不一致，导致管理层会在违背股东利益最大化的条件下追求个人利益，如高在职消费、建立庞大的"经理帝国"等，从而造成了股权高度分散下的内部人控制问题，即所谓的"弱股东、强管理层"问题。因此在分散的股权结构下，公司的代理冲突主要体现为作为委托人的投资者与作为代理人的管理当局之间的代理冲突。

在现在公司治理问题中，大股东与小股东之间的利益冲突变得越来越被人关注（La Porta et al.，1997；Barca and Becht，2001）。公司控股大股东与小股东在利益上显然是有很大的不一致性的。控股大股东不仅可以得到剩余索取权收益以外，还能获得控制权私人收益。而小股东收益的唯一来源是按持有的股权比例获得相应的剩余索取权收益。我们把这些利益上的冲突归结到委托代理关系。表面上，控股大股东和小股东都属于所有者范畴，但根据信息经济学的解释，在信息不对称的条件下，拥有信息优势一方的是代理人，另一方是委托人，他们确实存在着直接或非直接契约形式的委托代理关系（张维迎，1996）。

如果说在股权分散情况下的公司代理冲突主要集中在管理层与外部股东之间，体现为"弱股东、强管理层"的话，那么股权集中下的公司代理冲突则主要存在于大股东与中小股东之间，表现为一种"弱中小股东、强大股东"格局。大股东对公司控制所产生的两种收益，即控制权的公共收益和私人收益对大股东行为会产生两方面的效应。由于大股东在获取控制权的私人收益时，会损失由此而减少的控制权的公共收益（以持股比例为限），因此当大股东获取控制权的私人收益低于由此而导致的控制权公共收益减少中所占的份额，大股东就会在一定程度上减少甚至放弃"掏空"行为，这时大股东的存在就有利于减少传统的代理问题，并对公司的价值产生正向的激励效应，通常称为"利益协同效应"。但当大股东在获取控制权的私人收益时，只需承担由此而减少的控制权公共收益减少的一小部分时，则大股东有强烈动机进行"掏空"行为，从而对公司价值产生负向效果，通常称这种效应为"壕沟防御效应"。但是，需要指明的是在控股股东拥有公司控制权的情况下，即使缺乏完善的司法体系，也并不必然导致控股股东掠夺行为。因为，即使可以逃脱法律的惩罚，控股股东获取控制权私人收益的行为还会导致其他成本的发生，例如，控股股东的所有权比例、其他大股东的约束和控制方式等因素导致的成本，这些成本的发生要么会削减控股股东获得的控制权私人收益，要么会降低控股股东的控制权共享收益（即以其所有权比例分得的公司收益），从而在一定程度上抑制了控股股东不利于公司价值提升的行为。也就是说，控股股东本身会理性考虑自身的利益与公司价值的关系。

4.3.2　股权分置下的代理冲突：大股东控制权收益

由于股权分置，控股股东所控制的非流通股股权的市场价值不是由公司股价决定的，而是由其场外协议转让价格决定的，而场外协议转让价格是以上市公司经审计或评估后的每股净资产作为转让价格的定价基础。控股股东从自身利益出发，为获取财富增长的最大化，有以下四种途径：第一，通过证券市场进行股权融资。利用股票发行价格与每股净资产的价差，提升公司的每股净资产，从而实现控股股东财富的增长。第二，通过分红获取企业的经营收益。利用控股股东对公司法人财产权的控制权，通过高额派现，快速回收全部投资。这是股权分置制度缺陷的典型表现，它使处于投入成本少的非流通股股东所获得的回报大大高于投入成本多的流通股股东。同股不同价的股权享有"同股同权、同股同利"的待遇实质上构成了非流通股股东对流通股股东利益的盘剥。第三，通过关联交易、抵押担保、资金占用、资产的购买、出售和置换等方式掏空上市公司，将全部股东的资产变为控股股东的资产。第四，利用控股股东的信息不对称优势以及所控制的决策权和信息披露权，直接或间接参与二级市场的操作，通过多种方式操纵股价，从二级市场获取暴利。

因此，在股权分置的背景下，由于同股不同价，造成持有非流通股的控股股东取得投票权的成本大大低于流通股股东，加之违规成本低，因而决定其决策的利益导向必然是廉价的——控股股东必然为自己的特殊利益而损害流通股股东的利益，流通股股东与非流通股的控股股东存在着无法调和的利益冲突。由此，造成中国上市公司的内部矛盾体系构成发生了重要转化，公司内部所有者（控股的非流通股股东与处于少数地位的流通股股东）之间的利益冲突上升为主要矛盾；所有者与经营者之间的利益冲突因为更多地演化为经营者与流通股股东之间的利益冲突而下降为次要矛盾。

在大股东控制下，众多的研究文献研究了作为股权代理冲突表现的控股股东占用上市公司资金、非公平关联交易等"掏空"形式，如李增泉（2004）基于资金占用视角以实证方式提供了大股东侵害中小股东利益的证据。大股东及关联方占用上市公司资金问题长期以来困扰着中国上市公司的业绩，严重的甚至使上市公司经营陷于困境。据相关资料显示[①]：2002 年年底，676 家上市公司大股东存在占款现象，占款总额为 967 亿元；2003 年，大股东占款总额下降至 577 亿元；2004 年，大股东及关联方占用资金下降速度明显减缓，当年仅减少了 68 亿元左右。但若加上另一种形式的资金占用 416 亿元的违规担保，关联方当年实际占用上市公司

---

① 中国证券报，2006 - 02 - 22.

的资金达 925 亿元。大股东占款的数额如此之大，以至于拖垮了上市公司，使其盈利能力逐年下降。

4.3.3　大股东控制视角的中国定向回购行为分析

中国多数上市公司是经国有企业转制而来，国有股权在公司股权结构中占绝对比例，是这些公司的普遍特征。而政府控股的本意在于通过保持国家的控制权来保证国有股权的利益，但国有股权在控制过程中，由于存在多层委托、代理关系，从而产生了控制过程中的信息不对称，进而形成了国有资产所有者主体缺位和代理人（内部人）控制的局面。由于委托人与代理人之间存在着权利与利益的分配关系，代理人显然不会选择符合股东利益最大化的行为，而必然选择自身利益最大化行为。企业内部人如果选择流通股回购，能够使得流通股利益得到保护，但是由于流通股回购是纯粹面向中小股东，对控股股东而言，一是减少了公司可以利用的现金流，减少自己可以控制和支配的资源；二是流通股回购注销以后，降低了其再融资规模；三是即使回购能够带来股价提升，而作为非流通股的控股股东并不能获得股价上升以后的好处。因而从自身利益出发，内部人必然抵触流通股回购行为。

上市公司在股份回购方式选择上体现的是控股股东意志，中国定向回购行为取向从根本上反映了控股股东的利己行为。在股权分置条件下，大多数上市公司控股股东持有的股权不能流通且处于"一股独大"的绝对控股地位，因而上市公司行为往往以大股东的利益为主导，忽视中小流通股东的利益甚至公司整体的长远利益。从理论上讲，定向回购对控股股股东最大负面影响是其对公司的控制权可能会随着总股份减少而降低，但是目前这种负面影响几乎等于零。因为控股股东绝对控股，减少股份而导致控制力下降的损失小，而定向回购为其带来的直接套现收益是最为明显的。

综上所述，中国上市公司定向回购是非流通大股东在现有股权结构下寻求自身利益最大化的一种"理性"选择。上市公司定向回购从根本上讲源于作为控股股东代表的内部控制人与中小流通股东的利益冲突。深层次的原因则在于企业内部的股权结构不合理，国有股比重过大而导致公司内部治理结构失衡。

4.4　本章小结

首先，从制度安排角度分析了中国定向回购行为取向的必然。定向回购符合中国股权分置改革的发展趋势；定向回购与中国企业上市融资的本质相一致；定向回购是中国现有股权制度下的理性选择；定向回购是中国现有股份回购制度本身所存在的局限性的直接体现；定向回购满足了中国清理大股东资金占用的需要。

其次，分析了西方经典股份回购的局限。通过分析认为，基于中国市场环境和公司治理现状，信号理论无法解释中国股份回购，即中国股份回购，尤其定向回购，并不具有传递公司价值低估信号的功能；中国定向回购并不具备抵御收购兼并目的或服务于股票期权计划的需要。

最后，运用代理理论对中国定向回购做出分析。按照代理理论，在股权分置状况下，作为非流通股股东因控制权的流通受限，一方面使控制权正常的资本增值和获利的途径受阻，另一方面则使控制权很难由于敌意收购而转移。前者弱化了非流通股的逐利性，后者则强化了非流通股的控制权属性，这两者都会激励掌握控制权的非流通股股东通过其他方式侵占流通股股东的利益。中国上市公司定向回购是非流通大股东在现有的股权结构下寻求自身利益最大化的一种"理性"选择。上市公司定向回购从根本上讲源于作为控股股东代表的内部控制人与中小流通股东的利益冲突。深层次的原因则在于企业内部的股权结构不合理，国有股比重过大而导致公司内部治理结构失衡。

第 5 章

基于主体财务特征的中国
定向回购动因研究

近年以来，随着中国证券市场的迅速发展，上市公司股份回购越来越频繁，吸引学者对公司股份回购做了大量研究。作为转轨经济过程中引入的制度安排，中国股份回购具有一定的特殊性，股份回购公司必然有自己鲜明的特征。辨别股份回购公司的这些特征对推动中国上市公司股份回购的动力因素进行全面、多视角的剖析，深刻揭示导致上市公司股份回购行为的深层次原因，加强对中国上市公司股份回购运行规律的认识，并能据此提出从根本上规范和优化公司股份回购行为的政策建议，具有十分重要意义。本章将从定向回购公司主体财务特征出发，分析定向回购决策的影响因素，推断其回购动因所在。

5.1 文献综述

从国外实证研究结果来看，Young（1969）研究发现，相对于未回购公司，回购公司具有经营业绩较差，股利增长率较小，市盈率较低和股价业绩较差等特征，而且资产流动性（如流动比率和速动比率等）并不是公司回购决策中的主导因素；Norgaard 和 Norgaard（1974）运用多元判别分析法（MDA）对回购公司和未回购公司特征进行判别分析，发现回购公司具有较低的股价水平、较次的经营业绩（如销售收入增长率低、利润增长率低和净资产报酬率低等）、较高的财务风险（如持有现金少和负债高）和较高的运营资本对净资产的比率；同样，Rosenberg和 Young（1978）发现，回购公司决定回购股票时，其销售净额、净利润、回购当年研究开发支出以及回购期间的研究开发支出等会显著低于未回购公司，而且可供回购公司普通股股东分配利润也较少。Medury，Bowye 和 Srinivasan（1992）就所有类型回购公司、要约回购公司和公开市场回购公司的特征分别做了研究，研究结果表明，公开市场回购公司与所有类型回购公司总体样本具有相似特征，即较低财务杠杆、较高盈利能力、较低流动性、较大经营规模、高股利支付率和较低股价水平。Barth 和 Kasznik（1999）则以 1990~1994 年首次回购公司为样本，检验公司发布回购公告可能性，发现具有较多无形资产、较多闲置资金、管理者与投资者信息不对称程度较高、股票期权计划规模较大以及股利支付率较高等特征的公司较为可能发布回购公告可，并未发现账面价值与市价之比和回购可能性之间具有显著相关关系。Guffey 和 Schneider（2004）对 Medury 等（1992）研究作了进一步完善，选择 1994~1996 年美国所有类型回购公司进行分析。首先采用主成分法分析得出体现回购公司特征的五个维度，即流动性、盈利能力、资本结构和债务水平、成长性以及经营规模和范围，其次采用 Logistic 回归检验回购公司是否在这些方面显著区别于未回购公司。研究发现，所有类型回购公司在盈利能力、资本结构和债务水平、成长性、经营规模和范围等方面显著不同于未回购公司，而在流动性方面并不存在明显差异。与此相似，公开市场回购公司与未回购公司相比，具有经营规模大、盈利能力强、债务水平低以及成长性强等特征。此外，Jagannathan 和 Stephens（2003）检验了经常性回购公司与非经常性回购公司在回购动机、公司特征、市场业绩和后期经营业绩方面的差异。发现与非经常性回购公司相比，经常性回购公司的规模较大、机构投资者所有权比例较高、账面价值与市场价值之比较高、较多的股票期权、较低的债务比例、较低的管理层所有权比例、经营收入变动较小以及股利支付比例较高。这意味着经常性回购公司可能运出于替代股利支付而使用回购，而不是出于价值低估目的，非经常性回购公司更可能出于价值低估目的回购股票。

总之，国外学者对回购公司特征的研究主要从两个方面着手。一方面，有些学者试图通过识别回购公司的特征来揭示隐藏在股份回购背后的主要目的所在；另一方面，不少学者则希望找出更加标准化的特征，从而可以构建预测上市公司可能进行回购的模型。这些实证研究从不同层面的公司特征证明了在国际市场上，股份回购公司特征符合理论假说的预测关系，从而支持了这些理论模型的解释力。

　　而国内在回购主体财务特征的研究方面尚存在诸多不足：一是多数研究选择了董事会公告的股份回购预案为研究样本，并未区分不同回购方式，样本的代表性不是很好；二是所分析的公司特征因素比较少，有一定的片面性；三是对公司特征因素及其变化趋势的分析不够深入，对实证结果的原因解释也有待加强。

　　首先本书则依据国内外股份回购动因的理论研究，从股权结构、财务绩效等方面全面分析上市公司定向回购公司特征，其次建立起相应的假设和选取相应的公司特征代理变量，采用 Logistic 回归分析对我国定向回购公司的特征作分析，最后通过模型分析和原因剖析，对上市公司回购的深层次动因做出解释，同时检验前述理论假说是否适用于中国定向回购。

5.2　研究假说

　　股份回购公司的特征与股份回购背后的动因存在紧密的联系，因此，本书是通过分析股份回购动因来找出回购公司特征变量。由于中国定向回购的回购对象是非流通股，而西方公开市场回购的回购对象是流通股，两者在回购对象性质上有着根本性差别，这使得中国定向回购主体的财务特征必然有着自我特色。为此，本书在分析中国定向回购的环境特征和回购方式自身特点基础上，结合西方股份回购动因理论，提出几个方面假设。

　　股份回购使得总股本减少，则可预见回购后公司净资产收益率等指标会有所提高，股权结构和资本结构也将得以调整，而资产负债率的适当提高有利于更加有效地发挥财务杠杆作用。根据 Ditter（2000）研究，当公司负债比率低于最佳比率时，公司可以通过股份回购减少权益以达到最佳比率；回购之前资产负债率越低，则获得财务杠杆效应越大，回购之后业绩上升越大。审视中国股份回购公告，定向回购大多宣称以财务结构调整、增加财务杠杆作用为目标。在本书中，我们以总负债率来度量公司财务杠杆比率，由于中国企业多是以借新债还旧债，或是以展期方式实现短期借款长期使用，造成中国企业长期负债率很低，所以利用公司总负债率更能反映我国企业负债水平。由此本书提出：

　　假设 1：公司资产负债率越低，越可能回购股票。

　　根据 Jensen（1986）自由现金流量假说，当公司管理者拥有过多自由现金流量，可能导致资金运用效率低效，有损公司价值。若公司具有大量闲置资金，现金流量比较充裕，可采用股份回购方式将多余现金分配给股东，促使管理者在支出方面更加规范，从而降低用自由现金过度投资的相关代理成本，而且不至于股份回购后出现现金流量严重不足等不利因素，相反将可以增加公司盈利。Medury，Bowyer 和 Srinivasan（1992）以流动比率、速动比率以及现金比率来检验自由现金流量假说。Dittmar（2000）认为，在公司拥有过多现金时，可利用股份回购调节资金运用，而股份回购需要足够资金，因此公司流动性是股份回购决策的重要决定因素。由此本书提出：

假设2：公司流动性越强，越可能回购股票。

根据 Vermaelen（1981）价值低估信号假说，当管理者认为公司股价被低估或者公司未来盈余优于市场预期，公司通过股份回购向市场或投资者发送信号，以引导市场投资者重新评估企业价值。许多学者研究成果表明股价低估是公司股份回购最重要理由。根据中国实际情况，在股票市场长期低迷的背景下出台和放宽股份回购的规定，是对价值低估信号假说的一种潜在肯定。Dittmar（2000）以市净率衡量公司价值低估程度验证了该假说。公司市净率低，其股票价格相对于账面价值更低，企业更倾向于股份回购。由此本书提出：

假设3：公司市净率越低，越可能回购股票。

按照信息不对称理论，公司成长性大小在一定程度上代表公司信息不对称程度。对于国外成熟市场的研究文献，一般是以公司市净率或研发费用与销售收入的比率度量公司成长性。但是因为中国资本市场并不是一个有效市场，由于某些非理性因素的影响（如投机因素），市净率并不能完全代表市场对公司未来成长性的评价，因此，不适宜利用市净率来表示公司成长性。另外，由于中国公司财务报表中对于研发费用并没有单列，因此在本书中以主营业务收入增长率表示公司成长性。由此本书提出：

假设4：公司主营业务收入增长率越高，越可能回购股票。

由于财务杠杆具有正反两面效应，当公司经营能力较好时，才会产生正向杠杆效应，产生更大效益，但是如果公司经营业绩不佳，财务杠杆增加会使得企业风险和损失加大。只有具有较好盈利能力的公司采用股份回购才能对股东产生更加效益。因此本书选择净资产收益率作为公司盈利能力指标。由此本书提出：

假设5：公司净资产收益率越高，越可能回购股票。

由于中国上市公司股权结构特殊，大部分公司为国有上市公司，其第一大控股股东持有大量国有股或国有法人股，由此可能对股份回购造成两方面影响：一方面，随着国有股减持和股权分置改革实施，股份回购不失为一种使公司股权结构更加合理、证券市场更加规范的理想工具。如果上市公司出于顺应国有股减持和股权分置改革，那么第一大股东持股比例较高的公司应该更有可能实施股份回购。另一方面，从大股东控制权收益角度来看，第一大股东持股比例较高，越可能通过非流通股定向回购来套取现金。因为持股比例越高，其利用控股地位影响股份回购决策能力越强，股份回购对于其控股地位影响越小，可能套现的数量和机会也越多。由此本书提出：

假设 6：公司第一大股东持股比例越高，越可能回购股票。

由于各种历史原因，中国证券市场中控股股东占用上市公司资金的情况非常严重。2005 年 10 月中国证监会发布了《关于提高上市公司的质量意见》，其中规定上市公司控股股东或者实际控制人务必在 2006 年年底偿还占用上市公司资金。一些公司大股东由于自身盈利能力较差，无法用现金偿还资金占用，所以采取回购大股东所持有的股份并予以注销的"以股抵债"方式来解决公司资金被占问题。中国定向回购公告中频频出现以解决大股东占有上市公司资金问题的目的。"以股抵债"方式股份回购为解决缺乏现金清偿能力的控股股东清偿债务问题提供了一种选择，也使得资金占用款成为我国股份回购最常使用的资金来源。而作为上市公司控股股东侵占上市公司资金的主要形式就是应收款项，尤其是其他应收款方式。由此本书提出：

假设 7：公司其他应收款占应收款项比例越高，越可能回购股票。

5.3　研究设计

5.3.1　样本选取与数据来源

从中国股份回购实践来看，有不少公司仅仅宣告股份回购，但并没有实际实施股份回购计划。由于公司宣告股份回购并非一定会实际实施，这使得股份回购宣告公告具有很大随意性，基于股份回购宣告公告的研究缺乏现实意义，因此，本书并没有选择宣告股份回购公告公司，而是选择实际实施的定向回购公司为样本。截至 2008 年 12 月，中国上市公司共有 45 家在 A 股市场宣告了定向回购事件。本书首先剔除了 3 家仅仅宣告而并未实际实施股份回购公司；① 其次，虽然中国上市公司股份回购从 1992 年就开始，由于中国证券市场是从不成熟到逐渐成熟的过程中，市场发展很快，市场的规范程度和特征都出现很大的差别，时间跨度过长的数据放在一起会对统计结果产生复杂影响，我们只用最近几年的数据更有代表性，则更能反映股份回购行为特征。为此，1997 年以前发生的 3 家股份回购事件政府色彩比较浓，时间跨度久远，也予以剔除；② 再次，为了保持研究的前后一致性，结合后文股份回购对公司绩效影响的研究，剔除了 2007年以后 4 家公司绩效观察期不够的股份回购公司；③ 最后，未将其中两家非国有股或国有法人股回购纳入分析样本之中。④ 最终，本书选择实际实施定向回购的 33 只非金融行业上市公司作为回购组样本。

同时根据资产规模［－10%，10%］和行业分类来选择非股份回购公司作为配对样本，这样共有研究样本 66 家。关于配对样本公司的选择标准，先控制行业（使用证监会的行业分类标准，以行业分类代码的第一位为标准，制造业 C 类以前两位为准），然后在相同行业内寻找资产规模［－10%，10%］公司作为配对公司，如果在此资产规模范围内没有适合的配对公司，就选取综合类（M 类）作为其行业配对标准。同时，在选取配对样本公司时，还兼顾以下几个条件：不包括那些被披露也在酝酿股份回购的公司；不包括在研究期间被 ST 的公司，具体如表5－1所示。

表5－1　　　　　　　　定向回购样本公司及其配对公司

回购组			配对组		
股票代码	股票名称	行业代码	股票代码	股票名称	行业代码
000576	广东甘化	C01	000702	正虹科技	C01
000697	咸阳偏转	C51	600460	士兰微	C51

① 具体情况为：沪昌特钢、江苏索普、延边公路。
② 具体情况为：1992 年小豫园并入大豫园的合并回购，1994 年陆家嘴减资回购案和1996年厦门国贸减资回购案。
③ 具体情况为：龙建股份、S 石炼化、S 锦六陆、S 京化二。
④ 具体情况为：国祥股份和上海家化。其中，国祥股份股份回购计划包括两部分：首先由陈天麟先生受让公司原第一大股东陈和贵先生持有的国祥股份 27000000 股自然人股份，其次公司以所拥有的上海贵麟瑞通信设备有限公司全部 90% 股权回购陈天麟先生持有的国祥股份 4675325股股份并予以注销。限于该股份回购为个人股协议回购，具有协议转让性质，并非完全意义上的股份回购，回购规模非常小，故加以剔除。

续表

回购组			配对组		
000753	漳州发展	F11	600387	海越股份	F11
000798	中水渔业	A07	600467	好当家	A07
000848	承德露露	C05	000929	兰州黄河	C05
000901	航天科技	C78	000980	金马股份	C78
000958	东方热电	D01	600027	华电国际	D01
600039	四川路桥	E01	000090	深天健	E01
600063	皖维高新	C47	000420	吉林化纤	C47
600075	新疆天业	M	600223	万杰高科	M
600165	宁夏恒力	C69	000055	方大 A	C69
600186	莲花味精	C03	000876	新希望	C01
600192	长城电工	C76	600724	宁波富达	C76
600199	金种子酒	C01	600238	海南椰岛	C01
600203	福日股份	C55	600261	浙江阳光	C55
600228	昌九生化	C43	600532	华阳科技	C43
600339	天利高新	C41	600179	黑化股份	C41
600391	成发科技	C75	600760	东安黑豹	C75
600506	香梨股份	A01	600975	新五丰	A05
600523	贵航股份	C75	600565	迪马股份	C75
600598	北大荒	A01	600881	亚泰集团	M
600605	轻工机械	C71	600566	洪城股份	C71
600637	上广电	C5	600811	东方集团	M
600679	凤凰股份	C75	600960	滨州活塞	C75
600727	鲁北化工	C43	600281	太化股份	C43
600765	力源液压	C71	600831	广电网络	C76
600810	神马实业	C47	600790	轻纺城	M
600839	四川长虹	C55	600104	上海汽车	C75
000661	长春高新	C85	600622	嘉宝集团	M
600096	云天化	C43	600160	巨化股份	C43
600121	郑州煤电	B01	000968	煤气化	B01
600619	冰箱压缩	C76	600875	东方电机	C76
600642	申能股份	D01	000539	粤电力 A	D01

　　关于股份回购研究对象的界定，笔者根据上市公司公告整理，同时根据资产规模和行业选取配对样本。相关财务数据主要来源于 CSMAR 数据库，同时笔者随机抽样进行了核对。2006 年、2007 年相关数据主要由笔者根据中国证监会披露的季度报告数据以及相关财经网站披露数据整理得到，统计软件采用 SPSS13。

　　本书首先通过单因素分析，对可能影响股份回购决策的解释变量进行分析，研究上市公司选择股份回购决策与公司财务属性之间是否存在特定关系；其次，由于上市公司是否实施股份回购是一个 0～1 虚拟变量，因此在比较分析基础上，进一步将两个比较样本组成混合样本，利用 Logistic 回归分析方法对股份回购决策进行多因素分析，以检验公司股份回购决策的影响因素。

5.3.2　研究变量设计

　　对于股份回购主体财务特征研究，我们采用以下研究变量，各个变量及其含义如表 5－2 所示。在变量的研究时点上，各变量的计算均依据回购实施前一年年末报表数据。对于研究变量的极值点问题，我们采用常用的极值调整法，即当变量数值大于均值加 3 倍标准差时，我们取值均值加 3 倍标准差；当变量数值小于均值减 3 倍的标准差时，我们取均值减 3 倍的标准差。

表 5－2　　　　　　　　　　　　　财务特征研究变量

变量	变量名称	变量计算	度量方面
SR	定向回购	实际实施定向回购，取 1，否则取 0	因变量
DE	资产负债率	负债总额/资产总额	资本结构
CR	流动比率	流动资产/流动负债	流动性
CTA	现金比率	现金/流动负债	流动性
MB	市净率	每股市价/每股净资产	市场评价
RS	主营业务收入增长率	（本年主营收入－上年主营收入）/上年主营收入	成长性
ROE	净资产收益率	净利润/净资产	获利能力
DGD	第一大股东持股比例	第一大股东持股量/总股本	大股东控制
YSK	其他应收款比例	其他应收款/（应收账款＋其他应收款）	资金占用

5.3.3　研究模型

根据前述研究假设，我们构建股份回购主体的财务特征模型，通过股份回购公司与未回购公司财务特征的差异分析来探讨影响公司股份回购决策的公司财务特征因素。模型如下所示：

$$SR = \beta_0 + \beta_1 DE + \beta_2 CR + \beta_3 CTA + \beta_4 MB + \beta_5 RS$$
$$+ \beta_6 ROE + \beta_7 DGD + \beta_8 YSK + \varepsilon$$

模型中各个变量含义如表 5 - 2 所示。本书在 Logistic 多元回归模型中对自变量分别采用向前逐步回归法（Forward：conditional）和强制法（ENTER）选择最佳解释变量，并比较两种模型的回归结果。

5.4　实证结果与分析

5.4.1　描述性统计分析结果

本部分首先对回购样本组的各个变量做描述性统计，其次进行回购公司与未回购公司各自变量平均值的 T 检验和中位数的 Wilcoxon Z 检验，比较两者是否存在显著差异。各研究变量的描述性统计及其差异检验结果如表 5 - 3 所示。

表 5 - 3　　　　　　　　股份回购公司财务特征描述性统计结果

变量	回购组（N = 33）			配对组（N = 33）		
	均值	中位数	标准差	均值	中位数	标准差
DE	0.456	0.503	0.150	0.472	0.499	0.150
CR	1.812	1.440	1.184	1.231	1.040	0.730
CTA	0.573	0.260	0.839	0.529	0.330	0.770
MB	1.729	1.370	0.951	1.893	1.250	1.300
RS	0.190	0.178	0.309	0.123	0.094	0.210
ROE	- 0.006	0.012	0.134	0.045	0.037	0.060

续表

变量	回购组（N=33）			配对组（N=33）		
	均值	中位数	标准差	均值	中位数	标准差
DGD	0.530	0.574	0.175	0.444	0.500	0.156
YSK	0.460	0.424	0.272	0.325	0.275	0.256

注：表中各个指标含义如下：DE：资产负债率；CR：流动比率；CTA：现金比率；MB：市净率；RS：主营业务收入增长率；ROE：净资产收益率；DGD：第一大股东持股比例；YSK：其他应收款比例。

表5-4　　　　　　　　　股份回购公司财务特征变量差异检验结果

变量	均值差	T	Z
DE	-0.016	-0.591	-0.393
CR	0.582	3.175***	-3.083***
CTA	0.045	0.310	-0.375
MB	-0.164	-0.708	-0.205
RS	0.066	1.111	-1.152
ROE	-0.052	-2.136**	-2.046**
DGD	0.086	2.122**	-2.028**
YSK	0.135	1.959*	-2.332**

注：表中各个指标含义如下：DE：资产负债率；CR：流动比率；CTA：现金比率；MB：市净率；RS：主营业务收入增长率；ROE：净资产收益率；DGD：第一大股东持股比例；YSK：其他应收款比例。*、**、***分别代表在10%、5%和1%统计水平下检验显著。

从表5-4中检验结果发现，回购公司与配对样本公司在大股东持股比例、其他应收款比例、净资产收益率、流动比率等指标上，无论均值和中位数都存在显著差异，而回购公司与配对样本公司在市净率、主营收入增长率、资产负债率、现金比率等指标上均不存在显著差异。

在流动性方面，回购公司与配对样本公司的流动比率之间差异显著，然而，回购公司与配对样本公司的现金比率并不存在显著差异，相反，从中位数来看，回购公司现金比率反而比未回购公司要低，与国外研究结果有偏差。究其原因可能在于，中国定向回购资金来源主要形式为应收款项，其主要动机之一在于抵消大股东资金占用，所以在现金流量指标上并没有出现与国外理论研究结论一致的结果。这点从其他应收款比例上也得到体现，回购公司的其他应收款比例明显高于未回购公司。

在公司盈利能力和成长性方面，回购公司与配对样本公司的净资产收益率差异显著，并且回购公司净资产收益率明显低于未回购公司，然而回购公司与配对样本公司的主营收入增长率并不存在明显差异，这些也与国外研究结论相反。这说明，中国股份回购公司并非由于具有较好的盈利能力和成长性而回购股份，相反，净资产收益率低的公司倾向于回购股份，反映了通过股份回购来直接改善公司业绩指标的动机。

从大股东持股比例来看，两者存在显著差异。回购公司的大股东持股比率明显高于未回购公司，无论均值和中位数都通过 5% 的显著检验。这说明我国股份回购决策受到大股东的影响，股份回购可能是大股东谋求控制权收益的途径之一。在资产负债率和市净率方面，两者都不存在显著差异，这说明中国股份回购并非出于股价低估或增加杠杆收益目的。

上述描述性结果表明：中国股份回购公司与未回购公司呈现的财务特征形态，与国外的研究结果存在差异。以上均为单变量描述统计分析结果，可以利用多变量回归分析来进一步厘清股份回购决策的主体特征，从而推断股份回购背后的行为目的。

5.4.2　多元回归分析结果

在经过样本的选取和配对以后，采用 Logistic 模型分析法，进行实证研究，采用向前逐步回归法（Forward：conditional）选择最佳解释变量，回归结果如表 5－5 所示；同时采用强制法（ENTER）对所有变量进行回归分析，结果如表 5－6 所示。

表 5－5　股份回购主体财务特征 Logistic 逐步回归法回购检验结果

变　量	系　数	p 值
截距项	−7.119	0.000
CR	2.599 ***	0.007
CTA	−2.368 **	0.027
ROE	−10.688 **	0.043
DGD	7.366 ***	0.003
YSK	3.430 **	0.016
−2Loglikelihood	56.871	
Cox&SnellR^2	0.408	

续表

变　量	系　数	p 值
NagelkerkeR^2	0.544	
观察值	66	

注：表中各个指标含义如下：CR：流动比率；CTA：现金比率；ROE：净资产收益率；DGD：第一大股东持股比例；YSK：其他应收款比例。** 、 *** 分别代表在5%和1%统计水平下显著。

表 5 - 6　　股份回购主体财务特征 Logistic 强制法回购检验结果

变　量	系　数	p 值
截距项	- 11. 229	0.001
DE	5. 682	0.142
CR	3. 527 ***	0.007
CTA	- 2. 642 **	0.048
MB	0. 132	0.673
RS	1. 056	0.496
ROE	- 10. 239 *	0.065
DGD	7. 221 ***	0.007
YSK	3. 270 **	0.029
- 2Loglikelihood	54. 277	
Cox&SnellR^2	0. 431	
NagelkerkeR^2	0. 575	
观察值	66	

注：表中各个指标含义如下：DE：资产负债率；CR：流动比率；CTA：现金比率；MB：市净率；RS：主营业务收入增长率；ROE：净资产收益率；DGD：第一大股东持股比例；YSK：其他应收款比例。* 、 ** 、 *** 分别代表在10%、5%和1%统计水平下显著。

　　从 - 2Loglikelihood、NagelkerkeR^2 和 Cox&SnellR^2 来看，说明模型整体效果不错，可以被接受。从显著水平来看，流动比率、现金比率、净资产收益率、大股东持股比例、其他应收款比例通过不同显著水平的检验，而其他变量均未能通过显著性检验。由此可见，中国上市公司定向回购的决定因素在于公司的流动比率、现金比率、净资产收益率、大股东持股比例、其他应收款比例。从表中可以看出，实证结果与预期符号存在较多的差异。资产负债率、现金比率、市净率、净资产收益率的符号与预期符号不一致，这说明中国股份回购与国外理论预期结果存在较大差异。

　　回归模型中，从流动性指标来看，流动比率与股份回购决策之间存在显著正相关，并在 1% 的水平下显著，与预期符号一致。这说明股份回购决策是建立在公司较好的流动性基础之上的，因为股份回购需要公司动用大量的现金或非现金资产来抵偿回购的股票。然而，现金比率与股份回购之间存在显著负相关，并在 5% 的水平下显著，与预期符号相反。对于假设 2，本书选择的两个指标得出了截然相反的结论。而其他应收款比例与回购决策在 5% 水平显著正相关，与预期结果和符号一致，由此验证了假设 7 的成立。联系指标之间的差异，我们推断，公司流动性是中国股份回购的决定因素，流动性越强越可能回购。中国公司股份回购的流动性是建立在其他应收款基础之上，而不是公司自由现金流量水平之上的。公司持有其他应收款比例越大越可能回购股票，而公司现金比率越高越不可能回购股票。这与西方股份回购研究结论存在较大差异，然而与中国定向回购方式下特殊的回购资金来源途径是一致的。这说明，中国股份回购决策并非出于拥有充足的现金流量，而是由于拥有大量被大股东占用的款项，即控股股东占有上市公司资金越多，越有可能回购股票。

　　回归模型中，净资产收益率回归系数为 −10.688，且在 5% 的水平下显著，说明公司盈利能力与股份回购决策负相关，与预期符号相反。这说明中国上市公司并非在公司盈利能力较强的情形下进行回购，而是盈利能力越差，越可能回购股票。我们推测，在 ROE 作为上市公司非常重要的评价指标情形下，上市公司有强烈意愿借助股份回购来改善该指标。中国股份回购的决策并非出于较强盈利能力，而是出于通过股份回购来提升较低的盈利能力指标目的。同时，本书以回购前主营业务收入增长率度量公司成长性，发现公司成长性对股份回购决策无显著影响，对比净资产收益率的检验结果，我们可以进一步推断上市公司股份回购并非基于自身较好的成长性，而是为了纯粹通过股份回购获得盈利指标的直接改善。

　　回归模型中，第一大股东持股比例的回归系数为 7.221，并且在 1% 的水平下显著，与预期符号一致，表明第一大股东持股比例越多，股份回购的可能性越大，验证了假设 6 成立。由此我们可以推断，中国上市公司的股份回购决策时，实质上是由控股大股东决定，由于公司股份回购行为符合增加控股股东的控制权收益，大股东有意愿进行回购。

　　此外，根据表 5−6 的检验结果，主营业务收入增长率、市净率和资产负债率对于股份回购决策都没有显著影响，但是，市净率、资产负债率与股份回购决策的相关符号均为正号，这些与预期都不一致。这说明，市净率和资产负债率不是中国股份回购的主要决定因素，但是，作为影响股份回购决策因素之一，其影响与国外研究结论相反。中国股份回购并非为了提升较低股价和较低资产负债率目的，相反，股价较高、资产负债率较高企业可能回购股票。我们推断，这些异常结论进一步验证了中国股份回购最主要目的在于抵消大股东资金占用款以满足大股东获得控制权收益需求。

5.5 本章小结

本章选择实际实施定向回购的 33 只非金融行业上市公司作为回购组样本，同时根据资产规模和行业分类来选择非股份回购公司作为配对样本，共同组成混合样本，利用 Logistic 回归分析方法对中国定向回购决策进行多因素分析，以检验公司股份回购主体的财务特质，推断回购目的所在。研究结论表明：

第一，中国定向回购决策与公司流动比率和其他应收款比例显著正相关，而与公司现金比率显著负相关。这表明，中国定向回购决策是基于公司资金占用款水平，而不是自由现金流量水平。公司资金占用款水平越高越可能回购股票，而公司现金持有水平越高越不可能回购股票。西方自由现金流量假说并不能解释我国定向回购决策行为。中国定向回购并非为了降低投资者与经营者之间的代理成本，而是为了抵消资金占用款，实现控股股东的控制权收益。

第二，中国定向回购决策与大股东持股比例显著正相关。这说明，大股东持股比例越高越可能回购股票。中国定向回购决策实质上是由控股股东所控制的，是符合控股股东的控制权收益的。

第三，中国定向回购决策与净资产收益率显著负相关。这说明，公司盈利能力越低越可能回购股票。中国定向回购非流通股决策并非基于较强盈利能力，而是基于通过股份回购提升盈利能力指标，实现盈余管理目的。

第四，主营业务收入增长率、市净率和资产负债率对中国定向回购决策都没有显著影响。这说明，中国定向回购并非出于传递公司价值低估信号、调整资本结构和获取财务杠杆效应。西方价值低估信号假说和财务杠杆效应假说都无法解释我国定向回购决策。

　　总之，中国定向回购主体的财务特征与西方股份回购存在较大差异。公司流动比率越高、现金比率越低、其他应收款比例越高、净资产收益率越低、大股东持股比例越多，公司越可能定向回购非流通股。西方经典回购理论并不能完全解释我国定向回购行为，中国定向回购行为有着其特殊的回购目的。西方自由现金流量假说、价值低估信号假说和财务杠杆假说等并不适用于中国定向回购。中国定向回购主要为了消除控股股东的资金占用款，实现控股股东的控制权收益。

第 6 章

中国定向回购模式分析

本章主要围绕定向回购行为，从回购比例、回购资金来源、回购定价基准、回购定价偏离度等方面分析中国定向回购行为模式特征，以进一步揭示潜在的定向回购动因。限于资料获得局限，同时为了保持前后分析样本的统一性，在前文 33 家实际实施定向回购公司样本基础上，剔除 2005 年以前 3 家定向回购样本公司，主要针对 2005 年以来实际实施定向回购的 29 家公司展开行为模式分析。

6.1　基于大股东持股比例的定向回购行为模式选择分析

依据第一大股东的持股比例，股份公司通常被划分为高度集中型、相对集中型和分散性股权。资本多数决定原则是一把双刃剑，它一方面激励了大股东的监管动机，另一方面也为大股东的侵害行为披上了合法的外衣。大股东与公司之间的委托代理问题是 Shleifer 和 Vishny 开始研究，股权的协同效应概念由此产生，即股权的集中有助于对高管的监督，进而减少经营者的代理成本，提高企业价值；Johoson 等人在考察了 1997 年和 1998 年的市场之后于 2000 年首次提出股权的防御效应，即集中的股权会增强大股东的控制能力，诱发自利行为，进而威胁企业价值。

中国国有企业的股份制改革之初，由于市场容量不足的问题，形成了后来的流通股与非流通股并存的股权结构，并且股权高度集中，约70% 股份是非流通的国有股和法人股，约 30% 股份是流通的社会公众股。同时由于产权属性导致的所有者"缺位"，大股东作为"国有资产"的代理人拥有包括重要人事安排在内的控制权，这种特殊的"委托—代理"关系构成了中国上市公司特殊的控股性法人治理结构。在这种法人治理结构中，"国有资产"代理人委派的经理往往不是风险的承担者，而是更愿意服从大股东利益，但对大股东行为又缺乏有效的约束和监督机制，由此产生了一系列问题，同时由于股权分置导致的股东利益获取渠道差异，最终导致他们与中小股东之间利益和矛盾的巨大冲突。所有权结构不仅影响到控股股东对其他股东进行侵害的能力，而且也决定了其侵害的动机，这种特殊的股权设计的制度安排，造就了中国股市的"原罪"。

为了从股份回购比例、回购金额、回购定价基准、回购资金来源以及回购股份性质等方面考察定向回购行为模式选择，本书依据第一大股东持股比例对定向回购样本进行分组。国际上一般认为控股股东的持股比例超过了50%就具备了绝对控制权，通常将控股股东所必要的持股比例界定在20%～25%。鉴于定向回购样本较少，样本公司大股东持股比例最低为20.22%，所以本书以50%持股比例为界将样本公司分为两组：

A 组：相对控股样本组 SHR <50% 。

B 组：绝对控股样本组 SHR ≥50% 。

A 组中，股东的持股比例都很小，减少了对代理人的直接监督，从而加大委托人与代理人之间的信息不对称，代理人会凭借其信息优势取得股份回购的决定权，股份回购决策可以反映外部市场对代理人的约束和激励效果；B 组中，第一大股东持股比例超过50%，外部力量难以对公司决策产生影响，其股份回购决策完全取决于大股东的意志。基于大股东持股比例与定向回购行为模式特征的具体分析如下：

6.1.1　大股东持股比例与回购比例、回购金额

大股东持股比例、回购比例与回购金额情况统计如表 6－1 所示，可以看出，无论均值，还是中位数，绝对控股样本组公司回购比例和回购金额都要明显高于相对控股样本组。由此可见，大股东持股比例较大，回购比例和回购金额越大，其可能获得控制权收益也越大。

表6-1　　　　大股东持股比例、回购比例与回购金额分组统计

项目	区间	样本数量	均值	中位数	标准差
回购比例	SHR<50%	10	14.13**	12.54	6.59
	SHR≥50%	19	18.53**	16.21	11.17
回购金额	SHR<50%	10	11625.38***	10363.79**	5737.93
	SHR≥50%	19	35710.66***	22447.50**	34212.66

注：**、***分别代表在5%和1%统计水平下显著。

6.1.2　大股东持股比例与定价基准

不同大股东持股比例公司的股份回购定价基准选择情况如表6-2所示，可以看出，选择市价作为定价基准的公司中，只有1家公司大股东持股比例低于50%，其余10家都超过50%，而大股东持股比例超过50%的公司中，虽然有17家选择每股净资产作为定价基准，但是进一步分析可以发现，其中有三家公司其每股市价低于每股净资产，这三家公司虽然按照每股净资产定价，其回购价格实际超过或接近于每股市价。按此分析，大股东持股超过50%的17家公司中，实际上有13家公司选择每股市价和每股净资产中较高者作为定价基准，具有从高定价特点。这种从高定价特点体现了大股东通过定向股份回购获取控制权收益的目的。这表明，大股东持股比例越大，越倾向于选择较高的定价基准，其可能获得控制权收益也越大。

表6-2　　　　大股东持股比例与定价基准的分组统计

统计项	SHR<50%	SHR≥50%
市价基准	1	10
每股净资产基准	11	17

而从不同定价基准分类比较中可以发现，如表6-3所示，就大股东持股比例而言，无论均值还是中位数，以市价作为定价基准的公司要明显高于以每股净资产作为定价基准的公司。这也说明，大股东持股比例与定价标准选择之间存在关联，大股东持股比例越大，越倾向于选择较高的市价定价基准，这样大股东就可以以较少股份抵偿相应的资金占用。定价基准的选择一定程度上说明了大股东通过定向回购实现控制权收益的目的所在。

表 6 – 3　　　　　不同定价标准的大股东持股比例的描述性统计

统计项	市价基准	每股净资产基准
样本数量	11	18
均值	0.6183	0.4494
中位数	0.6552 ***	0.4165 ***
标准差	0.1315	0.1569

注：　*** 代表在 1% 统计水平下显著。

6.1.3　大股东持股比例与回购资金来源

回购资金来源说明了回购的直接目的。29 家定向回购中，21 家以资金占用款作为回购资金，说明其回购直接目的在于抵偿资金占用。而就大股东持股比例与选择不同回购资金来源之间关系来看，如表 6 – 4 所示，17 家绝对控股样本公司中，有 14 家以资金占用作为回购资金来源，其目的通过股份回购清偿资金占用。而进一步按照回购资金来源进行分类比较，如表 6 – 5 所示，可以发现，就大股东持股比例而言，无论均值还是中位数，以资金占用作为资金来源的公司都要明显高于以资产作价作为资金来源的公司。这些都表明，大股东持股比例较大的公司，倾向于通过定向回购清偿资金占用款。回购资金来源的选择在一定程度上也说明了大股东通过定向股份回购实现控制权收益的目的所在。

表 6 – 4　　　　大股东持股比例与回购资金来源的分组统计

统计项	SHR < 50%	SHR ≥ 50%
资产作价	5	3
资金占用	7	14

表 6 – 5　　　　不同资金来源的大股东持股比例的描述性统计

统计项	资产作价等	资金占用
样本数量	8	21
均值	0.4075	0.5539
中位数	0.3594 **	0.6085 **
标准差	0.1532	0.1577

注：　** 代表在 5% 统计水平下显著。

6.1.4　大股东持股比例与回购股份性质

　　回购股份的性质体现了回购时机的选择，也说明了回购价格的选择。如果回购的是非流通股，说明公司尚未股权分置改革，此时回购价格的定价依据只能是每股净资产。如果回购股份性质是有限售条件的流通股，说明回购计划在股权分置改革之后进行，通常回购价格的定价基准是基于股权分置改革以后市场价格。而由于股权分置改革以后市场价格通常要高于每股净资产，所以，从回购股份的性质可以体现回购价格和回购时机的选择。从表 6-6 中可以发现，按照大股东持股比例分组比较，选择回购限售股的公司中，只有 1 家大股东持股比例低于 50%，其余 11 家都是高于50%。而选择回购非流通股公司中，大股东持股比例低于 50% 较多。进一步按照回购股份性质分组比较，如表 6-7 所示，可以发现，就大股东持股比例而言，无论均值还是中位数，回购限售股的公司明显高于回购非流通股的公司。这说明，大股东持股比例越大，越倾向于回购限售股，以获得较高的回购价格定价基准，实现更多控制权收益。

表 6-6　　　　　　大股东持股比例与回购股份性质的分组统计

统计项	SHR < 50%	SHR ≥ 50%
限售股	1	11
非流通股	11	6

表 6-7　　　　　不同回购股份性质的大股东持股比例的描述性统计

统计项	限售股	非流通股
样本数量	12	17
均值	0.6171	0.4403
中位数	0.6473 ***	0.3999 ***
标准差	0.1271	0.1558

　　注：*** 代表在 1% 统计水平下显著。

6.2 基于控制权收益的定向回购定价模式分析

反映定向回购本质的核心问题就是定价机制。定价的高低决定了定向回购过程的有效性。回购价格定得过高就存在大股东套现的嫌疑，而定得过低则有可能造成国有资产的流失。股份回购的定价，不仅涉及控股股东与中小股东特别是流通股东之间的利益分配，更重要的是会影响投资者的心理预期。如何确定回购价格将直接牵涉到上市公司、大股东、中小股东、债权人等多方的利益，是方案能否达成并满足各方利益的关键问题。本书试图通过分析回购价格与净资产的偏离度、回购价格与市价的偏离度来透析定向股份回购动因。

6.2.1 回购价格偏离度分析的基点：控制权收益

传统金融学主要关注由于公司所有权和控制权分离所导致的股东和经理层的委托代理问题，即通过控制公司日常的经营活动，经理人以牺牲公司所有者—股东的利益为代价牟取私人利益。近年来，越来越多的研究关注公司控股股东和其他股东的关系，人们逐渐认识到控股股东利用控股的上市公司的"壳"资源，侵占其他股东的利益，即 Johnson（2000）所称的"掏空"现象。这已经成为近年来金融学研究的热点。Shleifer 和 Vishny（1997）认为"掏空"是比委托代理问题更为严重的公司治理问题，在新兴市场表现尤为显著。这也从一方面说明，控股股东的控制权具有一定的经济价值，这个经济价值也称为控制权价值。控制权价值包括共有收益和私有收益两个部分。一般来说，大股东具有足够激励有效监督公司管理层，降低代理成本，从而有助于提升公司价值，使所有股东都能按照持股比率获得收益，这种收益可称为控制权的共有收益。另一方面大股东也有可能通过追求自利目标而不是公司价值目标来实现自身福利最大化，这些收益并不按持股比例在所有股东之间进行分配，而只有大股东才能享有，因此可称为控制权的私有收益。在实践中，大股东一般通过两种方式获取控制权的私有收益：一是通过关联交易转移公司资产和利润，如在公司和大股东之间出售资产、签订对大股东有利的转移定价、为大股东及其附属企业信用担保等；二是通过定向发行新股、内幕交易、秘密收购等金融交易歧视小股东利益。一般认为，公司在一定期间创造的现金流为一个常量，因此，大股东所获得的隐性收益很有可能是以损害小股东的利益为代价的。若大股东凭借公司的控制权所获得的隐性收益过高，将导致外部投资者对证券市场失去信心，并导致外部融资市场的逐步萎缩。

有关控制权收益问题的研究已不鲜见，如西方文献 Shleifer 和 Vishny（1997），Johnson 等（2000），Grossman 和 Hart（1988）等，以及国内文献唐宗明和蒋位（2002）、叶康涛（2003）等。与上述文献从大样本检验的方式考察控制权收益问题不同，本书试图借鉴既有控制权转让溢价的计量方式，来分析定向回购过程中回购定价与每股净资产或每股市价的偏离度，从而检验其通过回购实现控制权收益的目的。

在既有的文献中，学术界主要有三种方法衡量控制权价值的大小。第一种方法适用于发生大宗股权交易的公司，Barelay 和 Holderness（1988），Dyck 和 Zingales（2002）认为，可以用大宗股权交易价格和转让公告发布次日市场价格之间的差异来衡量控制权价值。Barclay 和 Holderness（1988）分析大宗股票交易定价问题时候发现这种方式下的定价对股票转让公告发布后的股票交易价格有一个20%左右的溢价，反映了大股东具有的投票权所带来的排他性私有收益。Dyck 和 Zingales（2002）对39个国家的412宗控制权交易进行了分析，发现溢价平均高达14%；第二种方法适用于发行双重股票的公司，Nenova（2003）认为使用具有相似或者相同分红权利但不同投票权的双重股票价格之间的差异可以衡量控制权价值。他对18个国家的661个发行双重股票的上市公司进行研究，发现不同国家的控制权价值差异很大；第三种方法由 Hanouna，Sarin 和 Shapiro（2002）提出，以大宗股票交易价格和小额股票交易价格的差额来衡量控制权价值，他们以西方七国在1986～2000年发生的9566宗收购案例为分析对象，发现控制权交易价格比小额股权交易价格高18%左右。

前述的三种衡量控制权价值方法的应用背景是成熟股票市场，由于中国特有的股权结构二元设置下同股同权与同股不同价并存的现状，使得直接套用国外成熟市场的控制权溢价度量方法缺乏匹配的制度和市场条件。在中国，非流通股转让的标准做法一般都是以净资产为基础，加上一个溢价。唐宗明和蒋位（2002）率先借鉴了 Barclay 和 Holderness（1989）的度量方法，以大宗股权每股转让价格与每股净资产的差额来衡量大股东对小股东的侵害程度。本书后面借鉴其计量控制权收益方法来分析中国定向回购过程中的控制权收益水平。

6.2.2　回购价与每股净资产的偏离度分析

如表 6 - 8 所示，定向回购公司的回购价平均值和中位数分别为 3.57 和 3.08，每股净资产平均值和中位数分别为 2.79 和 2.50，回购价相对每股净资产溢价的平均值和中位数分别达到 37.21% 和 4.97%。从平均值和中位数来看，定向回购公司的回购价都明显高于其每股净资产。这说明，定向回购定价过程中，不仅仅体现了中国关于国有股权转让定价的最低标准要求，即回购价格一律高于每股净资产，而且体现了回购定价过程中倾向于较高的溢价幅度。一方面，大股东迫于清偿资金的强制性规定而不得不接受相对较低的每股净资产作为回购价定价标准；另一方面，大股东在定价溢价中寻求实现更大控制权收益。

表 6 - 8　　　　　　回购价、每股净资产和溢价的描述性统计

统计项	回购价	每股净资产	回购价相对每股净资产的溢价（%）
均值	3.57	2.79	37.21
中位数	3.08	2.50	4.97
标准差	1.95	1.36	77.68
最小值	1.54	1.33	0.00
最大值	8.98	6.14	307.50

进一步按照大股东持股比例，将定向回购样本分为两组：绝对控股组（大股东持股比例超过 50%）和相对控股组（大股东持股比例低于 50%），分析其回购价相对于每股净资产的溢价水平。如表 6 - 9 所示，无论均值还是中位数，绝对控股组的回购溢价水平均要高于相对控股组。这说明，大股东持股越多，回购价格溢价程度越高，越倾向于通过回购价格溢价实现更多控制权收益。

表 6 - 9　　　　大股东持股比例与回购溢价水平分组统计

统计项	SHR < 50%	SHR ≥ 50%
样本数量	12	17
均值	0.132*	0.542*

续表

统计项	SHR < 50%	SHR ≥ 50%
中位数	0.000 **	0.239 **
标准差	0.282	0.963

注：* 、** 分别代表在 10% 和 5% 统计水平下显著。

　　同样，进一步按照回购资金来源，将定向回购样本分为两组：资金占用组和资产作价组，分析其回购价格相对于每股净资产的溢价水平。如表 6 – 10 所示，无论均值还是中位数，资金占用组的回购溢价水平均要明显高于资产作价组。这说明，当通过股份回购抵偿资金占用时，大股东有较为明显的动机，通过提高回购价格溢价水平来以较少的股份抵偿相应占用资金，从而获取更多控制权收益。

表 6 – 10　　　　　　　　资金来源与回购溢价水平描述性统计

统计项	资产作价等	资金占用
样本数量	8	21
均值	0.213 *	0.432 *
中位数	0.049 *	0.103 *
标准差	0.316	0.926

注：* 代表在 10% 统计水平下显著。

6.2.3　回购价与每股市价的偏离度分析

　　依照前文对于回购价格相对于每股净资产的偏离度分析，现对于回购价相对于每股市价偏离度作分析。其中每股市价是指股份回购宣告日前一交易日的每股收盘价。

　　如表 6 – 11 所示，定向回购公司的回购价平均值和中位数分别为 3.57 和 3.08，每股市价平均值和中位数分别为 4.840 和 4.290，回购价相对每股市价折价的平均值和中位数分别达到 – 23.70% 和 – 23.30%。从平均值和中位数来看，定向回购公司的回购价都明显低于其每股市价。

表 6 – 11　　　　　　回购价、每股市价以及折价的描述性统计

统计项	回购价	市价	回购价相对每股市价的折价（%）
均值	3.57	4.840	-23.70
中位数	3.08	4.290	-23.30
标准差	1.95	2.159	27.10
最小值	1.54	2.340	77.60
最大值	8.98	11.770	21.20

　　进一步按照大股东持股比例，将定向回购样本分为两组：绝对控股组（大股东持股比例超过 50%）和相对控股组（大股东持股比例低于 50%），分析其回购价相对于每股市价的折价水平。如表 6 – 12 所示，无论均值还是中位数，绝对控股组的回购折价水平均要低于相对或分散控股组。这说明，大股东持股越多，折价水平越低，回购价格越接近于每股市价，也就意味着，越倾向于通过较高回购价格实现更多控制权收益。这点与前文对于回购价格相对于每股净资产溢价分析结论一致。

表 6 – 12　　　　　　大股东持股比例与回购折价水平分组统计

统计项	SHR < 50%	SHR ≥ 50%
样本数量	12	17
均值	-0.265	-0.216
中位数	-0.331	-0.155
标准差	0.294	0.261

　　同样，进一步按照回购资金来源，将定向回购样本分为两组：资金占用组和资产作价组，分析其回购价格相对于每股市价的折价水平。如表 6 – 13所示，无论均值还是中位数，资金占用组的回购折价水平均要明显低于资产作价组。这个分析结果与前文对于回购价相对于每股净资产溢价分析结果是一致的。这也说明，当通过股份回购抵偿资金占用时，大股东有较为明显的动机，通过提高回购价格来以较少的股份抵偿相应占用资金，从而获取更多控制权收益。

表 6-13　　　　　　　　　资金来源与回购折价水平描述性统计

统计项	资产作价等	资金占用
样本数量	8	21
均值	-0.388	-0.179
中位数	-0.396*	-0.155*
标准差	0.279	0.242

注：*代表在10%统计水平下显著。

6.2.4　关于定向回购定价基准的讨论

现实中，人们在考虑定向回购存在合理性之外，定价问题是最为集中的一个话题。定价环节是股份回购中最复杂、最难以解决的一个问题。

股权定价的高低体现了股份回购过程是否"公正、公平"。一方面，对国有股权定价偏低，可能会引起国有资产流失，损害国家利益；另一方面，流通股股东一般也不会接受过高价格。由于存在着流通股与非流通股之分，且实施定向回购公司大多是以国有股权作为对象，定向回购无法通过资本市场实现其定价机制的合理性。从已有的方案中来看，定价还是遵循着中国证监会《关于规范国有企业改制工作的意见》中的"转让价格不得低于每股净资产"的规定。似乎转让价格高出每股净资产的度越高，定价就越为合理，国有资产流失的可能性就越小。在市场价格参考意义不大的情况下，每股净资产可作为定价的一种选择，但只能是一种次优选择。由于价格的制定主要是通过管理层与大股东之间的讨价还价形成的，在国有股东严重缺位的情况下，以定价的底线——净资产价值成交已经成为事实上的选择。那么，以每股净资产是否合理？尽管每股净资产原则容易执行，但基于我国股市的特殊历史，该定价的基准点是否合理目前仍存在争论。

其一，之所以国资委要求转让价格不得低于每股净资产是出于防止国有资产流失角度考虑的。另外，用净资产做基准可以直接从财务报表中得到，只要报表是真实的，净资产体现的就是国有资产的价值。但是，事实上，很多上市公司的报表并不是真实可靠的。尤其是在以股抵债过程中，由于信息的不对称性，在道德风险的驱使下，大股东会做逆向选择，进行人为操纵，导致财务报表不真实，虚高净资产，使抵股定价偏高甚至过高，从而再次套现，侵占上市公司和中小股东。

其二，从获得成本来说，由于历史原因，大股东股权获得成本是非常低的，加上几年来增资扩股，摊薄成本，大股东现在的每股投资成本远远低于上市公司的每股净资产。定向回购主要目的就是解决大股东侵占问题，大股东借钱不还，本来应该不仅还钱而且逾期部分应给予上市公司补偿，但是如果在抵债的定价上采用的是不低于每股净资产的定价方式，那么大股东非但没有给予上市公司赔偿，相反，会用远高于成本价进行再一次套现。

其三，目前中国定向回购是发生在上市公司与国有大股东之间，属于定向回购，虽然有利于解决中国上市公司国有大股东控股比例过高且股票不能流通所引致的问题，但其定价的方式是通过公司与具有绝对控股地位的国家股或国有法人股股东协商，而目前中国公司普遍存在的"内部人"控制及非关联股东"搭便车"心理，使得这种价格蒙上了由大股东操纵的阴影，非关联股东在价格问题上仍然处于被动地位。

其四，从国外的实际操作来看，对于企业的价值评估主要在于企业的经营能力、盈利能力，其中很重要的指标是企业现金流，仅仅用每股净资产这一个指标显然不够科学。因为资产的价值应当取决于未来收益，取决于资产的动态盈利能力，而净资产值只能反映资产的历史成本，并不能反映那些可能影响资产价值的因素。成熟证券市场通常采用的企业价值评估方法包括现金流量折现法（DCF）、上市公司比较法、并购估值法、期权估值法，所以简单地用单一的每股净资产值这一指标来衡量回购价格过于机械。

在"以股抵债"的推进过程中，中国证监会 2006 年 5 月 28 日，《关于进一步推进清欠工作的通知》要求将市价作为"以股抵债"定价的基准，即 G 股公司"以股抵债"的价格应符合市场化原则，比照《上市公司证券发行管理办法》，定价按照董事会决议前 20 个交易日公司股票的均价确定。那么，以股抵债定价以市价为基准是否合理？下面对此进行分析。

在中国实施股权分置改革以前，那些法人股、国有股等非流通股不能上市交易，只能进行场外的协议转让或者拍卖等手段进行交易。这些非流通股的在经过股权分置改革以后，绝大多数都将会成为限售流通股。区别限售股和非限售股（均指非流通股）的原因在于，限售股是非流通股股东向流通股股东进行了流通权的补偿之后得到的，因此从这个意义上讲，限售股要比单纯的国有股和法人股更有价值。那么，股改之前的非流通股与股改之后形成的限售流通股存在哪些差异呢？

首先，股改之前的非流通股股东没有稳定的上市流通预期，因此，当他们转让这些股权时更多的是基于净资产来定价。即使，他们能预期到股改的时间及进度，那么其限售时间将是从股权转让交易发生时到上市公司股改完成的这段时间，再加上至少一年的限售期。其次，权利上的不同。股权分置改革的过程就是非流通股股东与流通股股东进行协商，使得双方的权利与义务通过股权来得到表达的过程。这个过程中，为了获得上市流通的权利，非流通股股东一般会像流通股股东支付一定的对价，对价的形式包括股票、现金和权证等。具体对价因素是两者的一大区别。最后，两者在进行转让或其他交易时，据以定价的基准不同。股改以前，非流通股的定价以净资产为主，非流通股股东的利益在很大程度上关注其每股净资产的多少，而较少考虑其市场价值。股改以后，非流通股与流通股的利用在很大程度上一致化了，交易将更多以市价以依据。也就是说，股改前的非流通股与股改后的限售股其差别主要体现在定价依据、限售期限和对价三个方面。从这个意义上来看，以市价为基准进行定价是较为合理的。但是，即使以市价为基准，依然无法避免大股东操纵的可能。

6.3 定向回购计划实施与否的个案分析：清除资金占用视角

从前文可知，近期宣告以股抵债的公司大多实施了回购行为，未实际实施的公司只有江苏索普1家公司。那么，为什么江苏索普会取消定向回购？公司实际实施或取消定向回购的决定因素有哪些？本节试图从清欠方式选择角度，通过分析实施与取消定向回购公司个案，分析公司决定实施或取消定向回购抵债的关键因素。

6.3.1 大股东偿债方式分析

近年来，中国监管当局对解决大股东资金占用问题进行了大量的探索，其过程可以归纳为两条主线：一条是从政策上限定发行新股或控股权收购的资格，在小范围内激励资金占用问题的解决，发展到对资金占用全面检查，限期清理；另一条是解决方式的探索，包括"现金清偿"、

"以股抵债"、"以资抵债"和"红利抵债"。综观目前已经公布清欠方案的上市公司，以股抵债、以资抵债、现金清偿成为"三大主流"清欠方式，其中以现金清偿和以资抵债方式占了大半。各方式具体如下：

（1）现金清偿。以股抵债中的股权作价，以资抵债中的资产作价，都是清欠占资能否顺利进行的焦点难点。相比之下，选择现金清偿变得简单容易得多。它的前提只有一个，大股东足够有钱。现金清偿对于上市公司的业绩影响最为直接，是现实可见的收益。因此许多占用资金额在 1 亿元以下的小额度上市公司都采用的是这种办法，即使占用额大的一些上市公司，也选择了像分期付款一样的现金偿还方式。但是，由于大股东所拥有的上市公司的股份并未减少，仍牢牢地掌握着对上市公司地控制权，因此，此次所欠债务清欠完毕，从财务上看，上市公司的应收账款收回来了，但却不可能从制度上、从根本上、从源头上杜绝大股东占款现象的再次发生。现金还债解决的是上市公司大股东占款问题的微观层面上的表象问题，此种偿还方式也不适用于经营状况不是太好的大股东。

（2）以资抵债。其主要有两点：一是"以资抵债"的方式适用于经营状况不是太好的大股东。对于大股东现金紧张但仍有一些资产可出售的，便可采用此种方式。二是若大股东用较好的经营性资产抵债，一方面，可以减轻上市公司的财务压力；另一方面，对于濒临亏损的上市公司而言，注入的新资产若能够形成新的利润增长点，那么上市公司便大有希望扭转亏损局面。以资抵债不涉及股权结构的变化，也是不希望失去对上市公司控股权的大股东最希望实现的解决办法，然而选择以资抵债后最让人头疼的就是资产评估与作价时烦琐的手续和冗长的过程，而且期间定价是否合理，资产被高估还是低估，都很容易产生纠纷。

（3）以股抵债。用以股抵债的方式解决大股东占资问题，最早是在 2004 年提出并试点的。针对愈演愈烈的大股东占款现象，监管部门为探索有效可行的解决办法进行了多次的努力。2006 年 5 月 28 日《关于进一步推进清欠工作的通知》给出了"以股抵债"为主的清欠方式。以股抵债方式适用于存在巨额资金占用而大股东已不具备清偿能力的情况。"以股抵债"就是在大股东没有资金或优质资产还债情况下的一种不得已的变通。

（4）红利抵债。以红利抵债的方式还债，达到了现金清偿的目的，但其适用范围受到更大限制，即适用于大股东控股比例很高，上市公司业绩很好且分红能力很强的上市公司，若具备这些条件，红利抵债不失为一种理想的清欠方式。

6.3.2 定向回购实施个案分析——以股抵债方式

6.3.2.1 昌九生化定向回购基本过程①

2006 年 4 月 8 日公司宣告股权分置和股份回购公告，拟定向回购第一大股东昌九集团持有的 4668 万股有限售条件流通股，并依法注销。回购价格是股改方案实施后第一个交易日起（包括该交易日）连续 30 个交易日公司股票收盘价的算术平均值的 94.64%，最高不超过 2.35 元/股，且不低于 2005 年度每股净资产 1.326 元。回购资金的来源是公司对昌九集团的其他应收款中的一部分。回购股份数占公司总股本的 16.21%，占目前昌九集团持有股份的 29.86%。2006 年 8 月 22 日公司宣告定向回购顺利实施完成。

6.3.2.2 简要分析

分析昌九生化资金占用的情况，发现昌九生化大股东昌九集团长期故意占用昌九生化资金，从 1999~2005 年，平均每年资金占用水平超过 1 亿元，没有明确还款计划，具体如表 6-14 所示。

表 6-14　　　　　　　　　昌九生化年度资金占用情况　　　　　　　　单位：万元

时间	1999 年 12 月 31 日	2000 年 12 月 31 日	2001 年 12 月 31 日	2002 年 12 月 31 日
占用余额	11441.3	10193.5	11385.2	7113.8

时间	2003 年 12 月 31 日	2004 年 12 月 31 日	2005 年 12 月 31 日
占用余额	12473.2	11621.2	11524.3

依照昌九生化回购公告称，昌九集团根本无力偿还占用资金。究其原因在于："（1）昌九集团无有效资产。由于昌九集团在独家发起设立昌九生化时，将优质资产全部注入本公司，而将其他辅业资产、后勤系统等社会化职能资产全部留在昌九集团。近几年受宏观调控的影响，生产原材料价格不断上涨，企业亏损严重，昌九集团核心产品聚丙烯已停产多年，重

---

① 本部分相关资料由笔者根据《中国证券报》以及昌九生化公司所发布公告收集整理而成。

新恢复生产需要投入巨额资金，昌九集团难以承担，故昌九集团基本无有效资产。（2）昌九集团财务状况困难。昌九集团不仅经营实体亏损严重，而且还承担着企业社会职能（如学校、医院、后勤等）的负担，加上资产剥离后的负债，造成了昌九集团经营性现金流极少，银行信用等级降低，日常资金来源受限，使得昌九集团在资金运作方面存在着较大的困难，多方面因素导致昌九集团面临一定的财务困难。（3）融资能力受限。由于目前国有银行相继进行股份制改造，银行授信标准提高，昌九集团经营亏损造成银行信用等级降低，银行融资困难，严重影响了昌九集团正常生产经营，导致占用本公司资金。因此，昌九集团无力全部以现金归还所占用资金。"

这种现象的出现与中国上市制度有着关联。由于中国多数上市公司并非起源于股票供求双方自发性的交易安排，恰恰相反，几乎所有上市公司都是从传统国有企业改造而成的。为了符合股票发行条件，达到上市融资目的，上市公司的母公司（大股东）将有盈利能力的优质资产剥离后注入上市公司，而将大量不良资产留给了集团公司，结果是母公司基本丧失了独立生存和持续发展的能力。

进一步分析其定价模式和股价变化情况，可以发现，其定价模式是股改方案实施后第一个交易日起连续 30 个交易日公司股票收盘价的算术平均值的 94.64%，最高不超过 2.35 元/股，且不低于 2005 年度每股净资产 1.326 元。定价模式不仅仅按照每股净资产限定回购最低价，而且按照评估机构对于公司的估值限制了回购最高价。观察其股改期间股价变化，如表 6-15 所示。

表 6-15	昌九生化股价变化	单位：元
2006 年 4 月 8 日 （股改和回购宣告日）	2006 年 6 月 1 日 （股权分置实施日）	2006 年 8 月 22 日 （回购实施日）
2.78	3.30	2.93

按照股改实施后 30 个交易日平均收盘价 94.64% 测算的价格与原先计划书所规定最高回购价格相差并不大，并远远高于 2005 年每股净资产。显然，在无力还款，而回购价格与市价相差无几的情况下，大股东更加愿意选择实施定向回购方案。

6.3.3　定向回购取消个案分析——现金清偿方式

6.3.3.1　江苏索普定向回购基本过程①

2006 年 6 月 12 日公司宣告股权分置和股份回购公告，拟定向回购控股股东索普集团持有的 5500 万股有限售条件的流通股，并依法注销。回购价格是股改方案实施后第一个交易日起（包括该交易日）连续 30 个交易日公司股票收盘价的算术平均值的 85%，最高不超过 1.70 元，最低不低于 1.22 元。回购资金的来源是公司对索普集团的其他应收款中的一部分。如果回购实施后索普集团的持股比例为 53.08%。2006 年 7 月 20 日公司宣布实施股权分置方案，然而在 25 日成功实施股改以后，2006 年 11 月 20 日宣告取消股份回购计划。根据 2006 年 11 月 17 日江苏索普公告：鉴于截至 2006 年 10 月 31 日我公司对控股股东的其他应收款余额已降至 2041.56 万元，已经不足以支付定向回购价款，且控股股东经营状况良好、具备较强的现金偿还能力，且定向回购价格与目前江苏索普股票市场价格存在较大差距，为切实保护全体股东共同利益，提高上市公司质量，加快上市公司做大做强，促进国有资产保值增值，决定不再实施公司的定向回购方案。

6.3.3.2　简要分析

分析索普集团资金占用的情况，发现索普集团于 2004 年下半年针对资金占用问题制订了还款计划，并从当年起积极履行该计划，每年占用资金逐渐减少。表 6 – 16 列示了资金占用余额及还款情况。

表 6 – 16　　　　　　**江苏索普年度资金占用及其归还情况**　　　　　单位：万元

时间	2003 年 12 月 31 日	2004 年 12 月 31 日	2005 年 12 月 31 日	2006 年 03 月 31 日
占用余额	49769.88	37682.56	24423.16	23100.86
还款		12087.32	13259.40	1322.30

两年来，索普集团已累计偿还公司约 27081.78 万元的债务，基本达到原计划的偿债进度。由于资金占用金额较大，因此截至 2006 年 5 月末，

---

①　本部分相关资料由笔者根据《中国证券报》以及江索普公司所发布公告收集整理而成。

仍有 22688.10 万元尚未偿还。按照原还款计划,索普集团应当在 2007 年上半年结束前全部偿还,但根据监管部门的最新要求,上市公司及其控股股东必须在 2006 年年末之前解决资金占用问题,因此还款期限有所提前。由此可见,江苏索普大股东并非恶意长期占用资金,仅仅出于暂时性需要短期占用资金,对于占用资金有明确的还款计划并得到有效执行。从还款情况可以发现,大股东具有一定还款能力。

在股权分置改革先行实施以后,索普集团并未依赖通过回购清偿占用资金,一直没有放弃现金还款计划,各年还款情况如表 6-17 所示。截至 2006 年 10 月 31 日,资金占用数额下降到为 2041.56 万元。显然,此时已经没有必要用股份回购来抵偿债务的需要。

表 6-17	2006 年度江苏索普资金占用余额情况	单位:万元
2006 年 8 月 9 日	2006 年 9 月 3 日	2006 年 10 月 31 日
11426.11	6982.58	2041.56

进一步分析其定价模式和股价变化情况,可以发现,其定价模式是股改方案实施后第一个交易日起连续 30 个交易日公司股票收盘价的算术平均值的85%,最高不超过 1.70 元,最低不低于 1.22 元。定价模式不仅仅按照每股净资产限定回购最低价,而且按照评估机构对于公司的估值限制了回购最高价。观察江苏索普股改期间股价变化,如表 6-18 所示,公司股价一直高于规定的最高回购价格。

表 6-18	江苏索普股价变化		单位:万元
2006 年 6 月 12 日 (股改和回购宣告日)	2006 年 7 月 20 日 (股权分置公告日)	2006 年 7 月 25 日 (股权分置实施日)	2006 年 11 月 20 日 (取消回购宣告日)
3.60	3.71	2.94	3.14

而按照股改实施后 30 个交易日平均收盘价85%测算的价格为 2.4 元,已经超过原先计划书所规定最高回购价格 1.77 元。显然,如果依然按照最高限制价格进行回购,那么对于大股东索普集团而言是不利的。

由此可见,虽然江苏索普提出了回购抵债计划,但公司回购方案按照市价基础定价,同时基于每股净资产溢价限定最高回购价格,而公司市价长期明显高于每股净资产,这也表明,回购计划的提出仅仅是为了推动股改的顺利实施,大股东并非有意想通过回购抵偿占用资金。当股改方案成功实施以后，大股东积极归还所占用资金，最终无须通过回购来清偿占用资金，放弃回购计划。

通过上述两个定向回购计划实施与取消的个案分析可以表明，当大股东偿债能力较强，可以按期归还占用资金，同时上市公司业绩良好，市场表现较佳情形下，大股东并不会主动选择回购抵债而放弃所拥有的上市公司股权。只有当大股东严重丧失还款能力，占用资金数量较大，大股东无法在规定期限内归还，大股东会选择通过回购清偿占用资金，或者，当上市公司业绩不佳，缺乏良好发展情景情形下，大股东会选择以股抵债，主动放弃所持有的股权。

6.4　本章小结

本章从行为模式设计的角度考察中国股份回购选择行为。首先，通过描述性统计分析回购比例、回购金额、回购定价基准、回购资金来源、回购股份性质，并就股份回购上述特征与大股东持股比例之间的关系分析；其次，针对股份回购行为模式中最为关键的环节——定价模式展开深入分析，分析回购定价偏离度的影响因素，以进一步分析和解释我国股份回购动因；最后，从清理资金占用角度，就股份回购个案的取消与实施深入分析。多角度分析表明，中国定向回购行为模式设计，尤其定价模式，体现了控股股东控制权利益最大化的要求。

第7章

基于财务效应的中国
定向回购动因分析

　　从前文关于定向回购的资金来源分析可以发现，定向回购很大部分是针对大股东欠款问题而提出的解决方案，其目标是长远地解决上市公司存在的大股东占款这一历史遗留问题。从表面上来看，股份回购后，大股东的欠款问题似乎得到了解决，大股东持股比例下降，优化了公司的股权结构，使得公司轻装上阵，能够更好地发展，同时，减少了公司股份数量，促进公司股价提升。在提高公司价值的前提下保护了所有股东的利益，可谓"一举两得"，实现了所谓的"协同效应"。但是实际上是否是这样呢？单从抵债式定向回购方案的本质上来看，是大股东和上市公司之间的交易行为，是一起典型的关联交易。根据已有的研究文献，上市公司的大股东获得控制权私人收益的主要方式就是通过关联交易转移公司的资源，满足自己的利益，所以在这种抵债式定向回购关联交易中，很有可能是大股东以中小投资者的利益为代价，实现了控制权收益。

　　已有的文献告诉我们，实现控制权收益的前提是公司存在一个能够决定企业决策的控制性股东。在实施定向回购后，大股东在获得控制权收益的同时，也丧失了对上市公司的一部分控制权。那么，大股东是否就此失去了控制性股东的地位呢？两家公司是否如定向回购公告中所提到的那样："可以优化股权结构，完善法人治理结构"，从而抑制大股东今后从上市公司中获得控制权收益呢？

　　下面将围绕定向回购对于公司股价、股权结构以及资本结构等方面的影响展开分析，以检验定向回购究竟是实现大股东控制权收益还是追求协同效应。为了保持研究的前后一致性，本章依然选择实际实施定向回购的33只非金融行业上市公司作为研究样本。

7.1 稳定与提升股价目标的实证检验

7.1.1 股份回购与稳定、提升公司股价目标

按照西方股份回购理论，股份回购对于确定公司合理股价、抑制过度投机具有积极作用。首先，在宏观经济不景气、市场资金紧张等情况下股票市场通常易于进入低迷状态。若任由股票市场持续低迷，将有可能引发股市严重抛压，陷入股价持续下跌、流动性恶化的恶性循环。此时若允许上市公司通过股份回购将闲置资金返还给股东，可以一定程度上增强市场流动性，有利于公司合理股价形成。其次，公司管理者是公司内部信息的知情者，公司管理者所选择的股份回购价格一定程度上反映了公司内在价值。通过股份回购，可以使得公司股票价格与公司内在价值趋于一致，这使虚拟经济和实体实质经济有机地结合，从而有利于抑制股票市场的过度投机；最后，在市场存在过度投机情况下，如果股价上升过高，可能会在投机泡沫成分破裂后导致股价持续低迷。此时如果允许公司动用以前通过股份回购所储存的库存股进行干预，可以促使股价向公司内在价值回归，从而有助于防止股票市场过度投机行为。

在国际证券市场上，上市公司利用股份回购稳定股市的经验比比皆是。例如，1987 年美国股市"黑色星期一"后美国利用股份回购迅速稳定股市。1987 年 10 月 19 日美国股市遭遇"黑色星期一"，当天道琼斯工业平均指数下降了 508.32 点，跌幅达 22.6%，创下了一天下跌最高纪录。除美国政府的救市措施外，上市公司回购对迅速稳定美国股市发挥了重要作用。在"黑色星期一"的那一周内，约有 650 家公司公开宣布股份回购计划。而在此之前，自 1987 年 1 月 1 日至 10 月 16 日，总共只有 350 家公司宣布回购计划。上市公司的大规模回购行动对股市产生了积极作用，抑制了股价进一步下跌。同样，2008 年 1 月美国次贷危机再次影响股票市场后，2 月 27 日 IBM 公司董事会批准 150 亿美元股份回购计划，受有关消息刺激，IBM 股价上升 3.9%，达到四个月以来最高位。

7.1.2　稳定股价目标的实证检验

本章选择实际实施定向回购的 33 只非金融行业上市公司作为研究样本，在这些回购案例中，有些回购方案是和股权分置改革方案合并在一起，同时发布和实施的，有些则是在股权分置改革期间发布了定向回购方案，或者定向回购方案发布后不久即发布股权分置改革方案，这些案例都存在一个共同的特点，即定向回购和股权分置改革在同一时间进行。这样，定向回购事件便受到了股权分置改革事件的影响，股权分置可能会对定向回购事件的市场反应产生重要影响。为此，本书不再按照传统事项研究方法研究股份回购的市场反应，而是直接关注股份回购对于股价变动的影响，分析股份回购是否发挥了其稳定或提升股价的作用。

标准差或方差是度量市场波动性的一种方法。收益率标准差反映了价格波动性。本书采用日收益率标准差度量收益率波动性，收益率计算采用每日收盘价。本书分别比较了回购首次公告日前后 30 天和 60 天的股价收益率标准差。采用配对样本检验方法，通过公告日前后前后 30 天和 60 天的股价收益率标准差的平均值 T 检验和中位数的 Wilcoxon Z 检验，比较两者是否存在显著差异，来确定回购公告日前后期股价是否得到稳定。数据来源于国泰安数据库和新浪财经网。股份回购样本的收益率波动性结果如表 7 - 1 和表 7 - 2 所示。

表 7 - 1　　首次回购公告日前后股价收益率标准差的描述统计结果

统计项	公告前 60 天	公告后 60 天	公告前 30 天	公告后 30 天
均　值	0.028	0.052	0.030	0.059
中位数	0.027	0.053	0.027	0.060
标准差	0.011	0.019	0.013	0.026

表 7 - 2　　首次回购公告日前后股价收益率标准差的均值差
T 检验和符号秩检验结果

统计项	均值差	T	P 值	Z	P 值
公告前 60 ~ 后 60 天	- 0.024	- 6.343 ***	0.000	- 4.387 ***	0.000
公告前 30 ~ 后 30 天	- 0.029	- 5.748 ***	0.000	- 4.244 ***	0.000

注：***代表在 1%统计水平下显著。

从表 7-2 中可以看出，无论均值还是中位数，首次回购公告前后 60 天股价收益率标准差有着显著差异，都在 1% 统计水平下显著，并且首次回购公告后 60 天股价收益率标准差比首次回购公告前 60 天大，这说明收益率波动在回购公告后明显增大。同样，以首次回购公告前后 30 天股价收益率标准差进行检验，得出与首次回购公告前后 60 天相似的结论，收益率波动在回购公告后明显增大。这些实证数据结果说明，股份回购并没有起到稳定股价作用。

进一步以完成回购日为时间点，分析其前后 60 天和 30 天股价收益率标准差差异，如表 7-3 和表 7-4 所示，无论均值还是中位数检验都没有通过显著性检验。这说明，股份回购实际实施时，并没有对股价波动性产生显著影响。联系首次公告与完成公告的检验结果，我们可以推断，在首次公告时市场就对股份回购做出了反应，而市场对于股份回购实际完成情况并没有明显反应。

表 7-3　　完成回购日前后股价收益率标准差的描述统计结果

统计项	完成前 60 天	完成后 60 天	完成前 30 天	完成后 30 天
均　值	0.035	0.034	0.034	0.032
中位数	0.029	0.034	0.030	0.032
标准差	0.017	0.014	0.018	0.011

表 7-4　　完成回购日前后股价收益率标准差的均值差
T 检验和符号秩检验结果

统计项	均值差	T	P 值	Z	P 值
完成日前 60 ~ 后 60 天	0.000	0.140	0.889	-0.134	0.893
完成日前 30 ~ 后 30 天	0.002	0.622	0.538	-0.318	0.751

7.1.3　提升股价目标的实证检验

股价波动可能源于股价下跌，也可能源于股价上涨。下面采用配对样本检验方法，通过公告日前后前后 30 天和 60 天的股价平均值的平均值 T 检验和中位数的 Wilcoxon Z 检验，比较两者是否存在显著差异，来确定回购公告日前后期股价上涨还是下降。回购样本的股价平均值结果如表 7-5 所示。

表7-5 首次回购公告日前后股价平均值的描述统计结果

统计项	公告前60天	公告后60天	公告前30天	公告后30天
均 值	5.032	5.649	5.294	5.600
中位数	4.111	3.668	4.171	3.718
标准差	2.725	3.468	2.871	3.424

从表7-6中可以看出，无论均值还是中位数，首次回购公告前后60天股价平均值有着显著差异，并且首次回购公告后60天股价平均值比首次回购公告前60天小，这说明股价平均值在回购公告后明显下降，也就是说，我国股份回购在首次公告时没有促进股价提升，反而使得股价明显下降。同样，以首次回购公告前后30天股价平均值进行检验，虽然无论均值还是中位数检验都没有通过显著性检验，但是股价平均值在回购公告后也是有所下降。

表7-6 首次回购公告日前后股价平均值的均值差
T检验和符号秩检验结果

统计项	均值差	T	P值	Z	P值
公告前60~后60天	-0.618	-2.641**	0.013	-1.939*	0.053
公告前30~后30天	-0.306	-1.442	0.159	-0.831	0.406

注：*、**分别代表在10%和5%统计水平下显著。

进一步以完成回购日为时间点，分析其前后60天和30天股价平均值差异，如表7-7和表7-8所示。检验结论与首次公告时相似，完成回购前后60天股价平均值存在显著差异，并且完成回购60天股价平均值显著高于完成回购后60天；而完成回购前后30天股价平均值并不存在显著差异。这些实证数据结果说明，中国股份回购并不具有提升股票市场价格的功效。

表7-7 完成回购日前后股价平均值的描述统计结果

统计项	完成日前60天	完成日后60天	完成日前30天	完成日后30天
均 值	5.357	5.966	5.603	5.723
中位数	3.889	3.865	4.007	3.622
标准差	3.374	3.767	3.638	3.828

表 7 – 8 完成回购日前后股价平均值的均值差

T 检验和符号秩检验结果

统计项	均值差	T	P 值	Z	P 值
完成日前 60 ~ 后 60 天	– 0.608	– 3.004 ***	0.005	– 3.118	0.002 ***
完成日前 30 ~ 后 30 天	– 0.121	– 0.563	0.578	– 0.112	0.911

注：*** 代表在 1% 统计水平下显著。

7.2　完善股权结构目标的实证检验

7.2.1　股份回购完善股权结构的路径分析

中国上市公司股权结构存在"一股独大"和非流通股占绝大比例的典型特征。这使得股市供求严重失衡，难以实现优化资源配置和完善公司治理结构等功能，使得投资者利益无法得到最大限度保护，成为阻碍市场健康发展的最大障碍。

完善股权结构是解决中国上市公司治理结构缺陷，建立现代企业制度的关键。面对已积累十多年的股权结构失衡这一现实，一方面，从增量上进行改造，较大力度地扩大流通股比例；另一方面，存量上通过多种资本运营的手段逐步解决。在这个意义上，国有股减持是解决上市公司法人治理结构问题和国有股"一股独大"及"内部人控制"问题的关键一步，有利于完善现代企业制度。股份回购作为国有股减持的一种手段，可以从一定程度上解决这些问题。

首先，中国上市公司大多都是由传统的国有企业改制而来，这种股份制改造并未解决国有产权不清晰、所有者缺位的问题。大多数上市公司沿袭了政府—授权机构—上市公司这一计划经济色彩浓厚的运行机制，作为国有股权代表的董事会成员本身就是大股东（国有股）的代理人，而并非像一般市场经济国家处于资产委托方的角色。中国上市公司中董事会成员既然也是代理人，就必然和经理人员一样有着偏离全体股东利益的动机。为此，可以通过股份回购，减少国有股比例，来实现国有资本的存量调整，促进产业结构的战略调整。

其次，通过股份回购减持国有股，降低大股东持股比例，大力培育机构投资者、引入合格的境外机构投资者，形成多股制衡的股权结构。这一措施实际上包含几方面的意义：一是限制大股东的持股比例，特别是国有大股东对单一上市公司股份的持有比例，尽量形成具有多个相对控股股东的势均力敌的股权结构。二是培育多元化投资主体，尤其是机构投资者，推进上市公司股权结构的分散化调整和优化，形成股东间的有效制约。三是有计划有步骤地减少国有产权在上市公司股权结构中的比重，从而弱化国有产权在治理结构中的作用，使投资主体由国家唯一主体发展成为国家、企业和个人多元化主体，重构上市公司治理结构，淡化政府的行政色彩，从而有助于防止和纠正"内部人控制"现象，形成有效的权力制衡机制，提高公司治理效率。

最后，通过股份回购，实行库藏股制度，推动员工持股制度和经理人股票期权的施行。国外股份回购的重要功能之一就是回购部分股份专门用于本公司员工或管理层的持股计划。中国经理人股票期权计划在新《公司法》出台以前，难点主要表现在尚没有明确的法律规范来确保上市公司实施股票期权的股票来源。新《公司法》出台以后，允许上市公司将回购的股份作为公司实施股票期权计划的股票来源，通过在股市上购回本公司股份并将其交给职工持股会管理或直接作为"股票期权"奖励公司管理人员，借此方法将经理人的个人利益和全体股东的利益联系在一起。

7.2.2　完善股权结构目标的实证检验

本书通过对比回购公司股份回购前后的非流通股占总股本比例和大股东持股比例，来检验股份回购对公司股权结构的影响。将股份回购前后的数据作为配对样本，对平均数采用 T 检验，对中位数采用非参数 wilocxon 符号秩检验方法。数据来源于国泰安数据库和新浪财经网。股份回购公司非流通股比例与大股东持股比例检验结果如表 7 – 9 和表 7 – 10 所示。

表 7 – 9　　回购前后非流通股比例与大股东持股比例描述统计结果

统计项	非流通股比例		大股东持股比例	
	回购后	回购前	回购后	回购前
均值	0.631	0.544	0.510	0.398
中位数	0.618	0.521	0.548	0.415
标准差	0.104	0.122	0.163	0.185

表 7 – 10　　　　　　　　　回购前后非流通股比例与大股东持股
比例的检验结果

统计项	均值差	T	P 值	Z	P 值
非流通股比例	0.087	8.114 ***	0.000	– 5.012 ***	0.000
大股东持股比例	0.111	7.127 ***	0.000	– 5.012 ***	0.000

注：*** 代表在1%统计水平下显著。

从表 7 – 9 和表 7 – 10 中我们可以看出，定向回购之后，非流通股比例和大股东持股比例都明显下降。无论均值还是中位数，两者都通过了 1% 水平显著检验。这说明，通过定向回购可以减少非流通股比例和大股东持股比例，一定程度上达到优化股权结构目的。但是，由于中国长期存在非流通股占绝对部分和国有股一股独大状况，虽然定向回购使得非流通股比例和大股东持股比例都显著下降，一定程度上达到优化股权结构和完善公司治理结构的作用，但是从回购完成以后的非流通股比例和大股东持股比例来看，非流通股比例依然非常高，平均值与中位数都在 50% 以上，而大股东持股比例也在 40% 以上，大股东仍然处于绝对控股或者相对控股地位。定向回购方案并没有使大股东丧失对公司的控制权，大股东获得控制权收益的能力也并没有因实施定向回购方案而降低。恰恰相反，大股东获取控制权收益的动力将进一步增加。这是因为，控制权收益受两方面因素的影响，即控制权和现金流量权，两者之间的差距越大，控制性股东谋求控制权收益的动力就越大。在定向回购方案实施后，对公司的控制权并没有变化，而现金流量权随着持股比例的下降减少了，故控制权与现金流量权之间的差异进一步变大。所以，大股东将会有更大的动力去谋求控制权收益，大小股东之间的代理问题将会进一步加剧。定向回购方案的实施虽然可以暂时缓解大股东欠款问题，却为控股股东获取控制权收益提供了机会，强化了大股东和小股东之间的代理冲突。

7.3　优化资本结构目标的实证检验

MM 理论认为，对个别公司而言不存在最优的债务/权益比，资本结构是无关紧要的（Modigliani and Miller, 1958, 1963; Miller, 1977）。但另有学者认为，在税收津贴和破产成本的制约作用下，公司存在一个最优负债数额。尽管理论界关于资本结构是否影响公司资金成本和市场价值的争议尚未完结，现实中资本结构往往是公司决策的重要方面。

由于就某家上市公司而言，最优资本结构在实际市场上无法量化，因此本书将首先将股份回购前后的资本结构数据进行前后对比，其次将回购前一年、当年以及后一年的资本结构数据与处于同一行业的上市公司对应数据进行配对比较，配对样本个股选择沿用前文样本数据，以保证相关数据的可比性及文章分析的延续性。其中，以总资产负债率来度量公司资本结构，均值差异用双侧配对参数检验的 T 统计量进行比较，中位数差异用 Wilcoxon 符号秩检验进行比较。

从表 7－11 和表 7－12 中可以看出，通过定向回购，回购公司回购当年的资产负债率比前一年显著上升，无论平均值还是中位数，都在 1% 水平上显著。定向回购使得公司资产减少，在负债不变情况下，使公司资产负债率显著提高。但是与配对公司比较，如表 7－13 所示，无论回购前一年、当年还是后一年，两者资产负债率都没有明显差异。这表明，与配对公司相比，股份回购并没有使得回购公司资产负债率获得明显调整，股份回购的优化资本结构功效并没有明显显现出来。

表 7－11　　　　　股份回购前后三年内资产负债率的描述统计结果

统计项	回购前一年	回购当年	回购后第一年
均　值	0.456	0.506	0.515
中位数	0.503	0.533	0.534
标准差	0.150	0.159	0.129

表 7－12　　　　　股份回购前后三年内资产负债率的均值差
T 检验和符号秩检验结果

统计项	均值差	T	P 值	Z	P 值
DB0 － DBQ	0.050	3.870***	0.001	－ 3.279***	0.001
DBH － DB0	0.008	0.434	0.667	－ 0.277	0.782

注：DBQ、DB0、DBH 分别表示回购前一年、当年和后一年资产负债率；*** 代表在 1% 统计水平下显著。

表 7 – 13   股份回购公司与配对样本公司资产负债率的检验结果

	回购组		配对组			P 值	
	均值	中位数	均值	中位数	均值差	T	Z
前一年	0.456	0.503	0.472	0.499	– 0.016	0.559	0.694
当年	0.506	0.533	0.499	0.513	0.007	0.828	0.979
后一年	0.515	0.534	0.514	0.504	0.001	0.971	0.851

7.4 本章小结

本章以实际实施定向回购的 33 只公司作为研究样本，采用配对样本的平均值 T 检验和中位数的 Wilcoxon Z 检验方法，从稳定和提升公司股价、完善公司股权结构以及优化资本结构等三个方面检验我国定向回购决策目标的有效性。研究得出以下结论：

第一，首次股份回购公告后股价收益率标准差显著高于回购公告前，这说明，股份回购并没有起到稳定股价作用。

第二，首次股份回购公告后股价平均值显著低于回购公告前，这说明，股份回购并促进股价提升，反而使得股价明显下降。

第三，定向回购使得非流通股比例和大股东持股比例都显著下降，说明通过定向回购一定程度上达到优化股权结构目的。但是，从回购完成以后非流通股比例和大股东持股比例情况来看，两者比例依然很高，定向回购对公司股权结构和公司治理结构改善的功效并非很明显。

第四，股份回购使得公司资产负债率显著提高，但是与配对公司比较，回购当年两者资产负债率没有明显差异，这表明，股份回购并没有使得回购公司资本结构得到优化。

第 8 章

中国定向回购公司绩效
变化的实证检验

本书通过实证研究发现，股份回购公告并没有带来公司股价的稳定和提升，相反，股份回购公告以后公司股价明显下降，这说明股份回购对公司市场价值的影响是负向的，那么上市公司实际实施定向回购之后，在较长时间段内，股份回购对公司市场价值会产生怎样影响呢？为回答这一问题，本章通过研究中国上市公司实际实施定向回购前后公司经营绩效的变化情况，考察定向回购实施以后是否有利于上市公司经营绩效的提高，从而判断定向回购在较长时间周期内对公司市场价值的影响方向是正向还是负向。

8.1 股份回购对公司绩效影响研究综述

从国外相关的实证研究看，Verrmaelen（1981）、Hertzel 和 Jain（1991）、Bartov（1991）、Lie 和 Mconnell（1998）、Reburn 和 Jackson（2000）等人的研究都表明，在回购公告发布当年公司绩效会得到明显改善提升。Nohel 和 Tarhen（1998）进一步研究发现，只有低成长公司在股份回购以后经营绩效确实有所改善，而绩效改善源于出售无效率资产和减少资本性支出。Lie（2005）对股份回购与公司绩效之间关系进行了深入分析，研究发现，与具有同等绩效水平的未宣告回购公司相比，宣告回购公司在宣告后两个季度内公司绩效得到明显改善，这种绩效改善一般持续至少两年，而股票市场对公司宣告回购当年末的盈余公告会作出积极反应，但是股份回购绩效的持续改善仅仅适用于那些在宣告回购当期季度内就实际实施回购的公司，而那些未能在宣告回购当期季度内实际实施回购的公司，既没有在宣告回购后获得公司绩效改善，也没有获得市场对回购公告当期年度末盈余公告的积极反应。这些研究都表明，股份回购能够带来公司绩效明显改善。但是 Bartov（1991）、Grullon（2000）、Jagannathan 和 Stephens（2001）、Grullon 和 Michaely（2004）却发现股份回购后公司绩效并没有获得改善。

从国内相关的实证研究看，国内研究侧重于股份回购的市场效应检验，对股份回购的公司绩效效应涉及较少；很多仅仅针对股份回购个案检验经营绩效效应；在经营绩效指标的选取上存在片面性，反映公司成长性指标和经营现金能力指标均考虑很少。本章的研究主要在样本量和指标选取上进行一个较为系统的改进。

8.2　定向回购对公司绩效影响的路径分析

中国定向回购与国外成熟市场中公开市场回购方式有着根本性区别。中国定向回购能否促进公司绩效的改善？中国定向回购影响公司绩效的具体路径有哪些？国外股份回购经典理论能否解释我国定向回购对于公司绩效的影响？为此，本书从定向回购方式本身特点出发，结合国外股份回购理论，对中国定向回购影响公司绩效的路径加以剖析。

8.2.1　公司治理理论

公司治理结构是以股权结构为基础借以处理公司中的各种合约、协调和规范公司中各利益主体之间关系的一种制度安排。在这种制度安排中，股权结构是基础，在相当程度上起着决定性作用。因为股权结构决定了公司所有者的组成和股东大会，进而决定了董事会和经理人员的组成。更为突出的就是，股东大会、监事会和经理人员是公司治理结构中的巨大利益主体。现代公司制企业在产权上的根本特征就是实现了所有权与控制权的分离，随即出现的就是委托代理关系。在委托代理关系中，在不同股权结构背景下的委托人或委托人代表（如私有资本者与政府官员）对代理人行为承担的风险和收益就是不一样的。因此，只有合理的股权结构，才可能从整体上形成完善的公司治理结构，进而才能保证公司取得良好的经营绩效。

股份回购优化公司治理结构进而提高经营绩效的途径主要表现在以下三方面：

第一，合理的公司治理结构能有效约束经营者的败德行为和逆向选择。中国上市公司内部人控制现象尤其严重，其原因很大一部分是由于上市公司股权结构的不合理造成的。在国有控股上市里，"一股独大"、"所有者缺位"导致了上市公司的经营者的败德行为和逆向选择的发生。运用股份回购，可以降低国有股比例，不仅提高其他投资者持股比例，增大其他股东对公司经营者的监督和管理力度，也为日后引入更多投资者提供可能，同时伴随着在资本市场引入更多机构投资者，可以改变中小股东用脚投票的现象，真正体现股东参与公司的经营管理的权利，提高公司的经营绩效。

第二，上市公司股份回购有助于上市公司实施股票期权等激励与约束机制，提高经营者与员工的积极性。根据德塞茨的研究，当经营者和公司的员工的效用目标与股东价值最大化的目标一致时，公司治理结构的产出效应就凸显出来了。经理人员通过合理投资，激励员工积极开发新产品，开拓新市场，降低经营成本，扩大公司销售收入，提高公司经营绩效。同时，为了从股票期权中获得利益上的好处，经营者就需要努力提高公司的绩效，以此来提升公司的股价，进而从股价的上涨中获利。两方面综合作用的结果，必将导致公司经营绩效的提高。

第三，由于非流通大股东追求净资产的最大化而不是公司绩效的提高，必然使公司陷入重筹资、轻使用的怪圈，影响公司绩效的提高。定向回购降低了非流通股比例，也使处于绝对控股地位的控股股东的持股比例大幅度下降，使绝对控股股东向相对控股股东转变，甚至导致控股股东丧失控股地位。客观地讲，无论在何种情况之下，这都会大大减少控股股东享有不当的控制权溢价机会，有利于恢复现金流在控股股东与小股东之间的平等分配，从而有利于改善公司治理，促进绩效提升。

8.2.2　财务杠杆效应

1958 年，MM 资本结构无关论引发了财务界空前的大争论，财务杠杆假说也随着最优资本结构的讨论而兴起。资本结构是指企业各种长期资金筹集来源的构成和比例关系。根据资本结构平衡理论，即由于债务利息具有免税效应，因此与股权融资相比，债务融资的成本较低，较高的资产负债比例可以为公司带来税收庇护利益，然而公司破产风险成本也会随资产负债比例的升高而增大，所以在公司目标函数和收益成本的约束下，最优资本结构是处于边际税收庇护收益等于边际破产风险成本的平衡点，即公司存在一个最优资本结构，使得企业的资本成本最小并因而使企业价值最大的资本结构，为此公司需要在债务资本成本和权益资本成本比例之间确定一个最佳比例。调整这一比例的方法主要有两个：增减负债或增减权益，其中减少权益最灵活的方法就是进行股份回购。无论是使用自有现金回购还是其他形式的回购，股份回购通过减少发行在外的股份，都会提高资产负债率，发挥财务杠杆效应，降低公司加权平均资本成本，获取更多税收收益，优化公司的资本结构，实现公司价值最大化。但是，不可忽视的是，如果负债比例过高，财务风险太大，会增加企业财务拮据成本，造成流动资金不足等问题，反而会使得公司绩效下降。

8.2.3 代理成本理论

Jensen（1986）的自由现金流假说认为公司过量的现金流会增加管理层和股东之间的代理成本，因为管理层会从个人私利出发，将这些现金投放到次优的投资项目或进行无效率的收购活动，达到分散自己所承担的投资风险或扩大自己所控制的权利范围的目的，实质是以牺牲股东利益为代价来增加自己的财富。为了降低自由现金流带来的代理成本，管理层应该将这些过量的现金发还给股东。利用股份回购可以减少自由现金流量所产生的代理成本，从而使公司绩效上升，增加公司价值。

以资金占用款为资金来源的定向回购使得被大股东占用的资金得以收回，降低了代理成本，应收款项的坏账风险不复存在，公司资产质量和财务状况得以实质性地提高，有利于促进公司绩效提升。但是，由于中国上市公司控股股东一般为非流通股股东（国有股或法人股），非流通股东和流通股东之间存在的不同定价方式使得控股股东可能通过定向回购实现控制权收益。也就是说，倘若运用不当，定向回购在解决资金占用的同时，极有可能沦为大股东变相套现工具，即通过先占用后回购方式来实现套现目的，最终会有损公司绩效。

8.2.4　盈余管理理论

在公司盈利水平预期不变甚至下降情况下，通过股份回购减少股份总额，能够提高每股收益和净资产收益率等绩效指标，从而使股价上升。运用股份回购对绩效指标的纯机械效应来直接、快速地提高公司绩效指标，可以实现盈余管理目的，使得公司绩效达到再融资资格要求或顺利实现可转换债券转股。但是，股份回购对每股收益等绩效指标产生的纯机械效应与通过提升盈利能力来创造基本价值是有区别的。无论何种形式的股份回购，如果没有更好的业务和项目增加公司效益，公司的经营状况不会有实质性改变，相反还可能影响企业的扩展能力和成长性。在预期利润下滑情况下，股份回购还可能造成回购后公司资金短缺，财务风险加大，从而令其股份回购以后绩效下滑。

综上所述，中国定向回购影响公司绩效的路径主要有：优化公司治理结构、降低代理成本、发挥财务杠杆效应以及盈余管理效应。股份回购是一把"双刃剑"，一方面，可以优化股权结构、提高公司治理水平，发挥财务杠杆效应，降低代理成本，从而提升公司绩效；另一方面，股份回购仅仅使得财务指标获得短期的机械提升效应，从而使得公司资产质量下降，财务风险加大，股东内部冲突加剧，损害公司长期盈余能力。

8.3　定向回购对公司绩效影响的比较分析

8.3.1　样本选择和研究方法

如同前文所述，本章依然选择实际实施定向回购的 33 只非金融行业上市公司作为回购组样本，同时根据资产规模和行业分类选择未股份回购公司作为配对样本，关于配对样本组公司的选择标准和结果如同前文所述。

公司绩效评价指标体系可以分为财务类指标和非财务类指标，由于非财务类指标通常很难收集量化数据，而且不同公司、不同行业的可比性也比较差，本书主要研究上市公司财务类指标的变化。本书参考在财务综合分析方法中通用的杜邦分析法，在此基础上重点考虑反映上市公司盈利能力、偿债能力、成长能力和现金流量情况的考核指标，具体选取每股收益（EPS）、总资产收益率（ROA）、净资产收益率（ROE）、每股经营活动现金净流量（CPS）、主营业务收入增长率（RS）和营业收入净利润率（RP）等一组指标，作为主要的绩效考察指标。

　　本书采用比较研究方法，比较研究回购组样本公司在股份回购完成前一年、完成当年和完成后一年有关绩效指标的变化，同时将回购组样本公司绩效指标与配对组样本公司进行比较。其中，均值差异用双侧配对参数检验的 T 统计量进行比较，中位数差异用 Wilcoxon 符号秩检验进行比较。由于样本数量较少，因此本书选择了两个相关样本非数检验法中的 Wilcoxon 符号秩检验，Wilcoxon 符号秩检验法的基本原理是，先将所有配对数据的评分按照绝对值的大小评秩，然后对每一个秩附加不同的号，用正号表示来自正的评分差的秩，用负号表示来自负的评分差的秩，如果个相关样本没有差别，则将对应于正号的秩于对应于负号的秩分别求和以后，个和值大致相等，如果两个和值相差很大，说明两个样本差异较大。这一检验法不仅考虑了配对内的差异方向，还考虑到配对数据的相对大小。

8.3.2　实证结果分析

8.3.2.1　股份回购前后三年内绩效指标的比较

　　回购组样本公司有关绩效指标的描述统计结果如表 8 - 1 所示。回购组样本公司在回购前一年、当年和回购后一年有关绩效指标的均值差的配对参数 T 检验和中位数差异的 Wilcoxon 符号秩检验结果如表 8 - 2 和表 8 - 3 所示。

表 8 - 1　　　　　　　回购组样本有关绩效指标的描述统计结果

	统计项	每股收益	净资产收益率	总资产收益率
回购前一年	均值	0.009	- 0.006	0.000
	中位数	0.030	0.012	0.006
	标准差	0.324	0.134	0.067

续表

	统计项	每股收益	净资产收益率	总资产收益率
回购当年	均值	0.119	0.049	0.022
	中位数	0.050	0.029	0.014
	标准差	0.150	0.059	0.029
回购后一年	均值	0.155	0.031	0.019
	中位数	0.090	0.026	0.010
	标准差	0.281	0.131	0.041
	统计项	每股现金流量	主营业务收入增长率	营业收入净利润率
回购前一年	均值	0.275	0.190	0.488
	中位数	0.230	0.178	0.011
	标准差	0.390	0.309	2.989
回购当年	均值	0.414	0.418	0.049
	中位数	0.350	0.076	0.021
	标准差	0.447	2.011	0.091
回购后一年	均值	0.315	0.160	0.030
	中位数	0.220	0.157	0.017
	标准差	0.410	0.214	0.205

表 8 - 2　　　　股份回购当年与前一年绩效指标的均值差
T 检验结果

统计项	均值差	T	P 值
每股盈余	0.110	2.144 **	0.040
净资产收益率	0.055	2.475 **	0.019
总资产收益率	0.022	2.032 *	0.051
每股现金流	0.138	1.503	0.143
主营收入增长率	0.228	0.602	0.551
营业收入净利润率	- 0.439	- 0.866	0.393

注：ⅰ * 、** 分别代表在 10% 、5% 统计水平下显著。

表 8 - 3   股份回购当年与前一年绩效指标的符号秩检验结果

统计项	EPSQ - EPS0	ROEQ - ROE0	ROAQ - ROA0	CPSQ - CPS0	RSQ - RS0	RPQ - RP0
Z	-1. 844（a）	-2. 805（a）	-2. 188（a）	-1. 099（a）	-1. 331（b）	-1. 456（a）
Asymp. Sig. (2 - tailed)	0.065	0.005	0.029	0.272	0.183	0.145

a   Based on positive ranks.
b   Based on negative ranks.

注：EPS0 表示当年的每股盈余，EPSQ 表示前一年的每股盈余，其他依次类推。

从表中可以发现，回购组样本公司当年绩效与前一年相比，每股盈余、净资产收益率、总资产收益率指标均显著上升，无论均值与中位数都通过显著性检验。由于通过股份回购，能够直接减低每股盈余、净资产收益率、总资产收益率等绩效指标的分母数值，在分子不变甚至下降情况下，这些财务绩效指标在回购当年都必然得到提高，所以这种绩效指标在回购当年上升并不能代表公司盈利能力获得实质性提高。而在回购当年股份回购并不能对每股现金流、主营收入增长率、营业收入净利润率等指标产生类似的机械式指标改进效应，每股现金流、主营收入增长率、营业收入净利润率等指标更加能够体现股份回购在回购当年对公司绩效的实际影响。从表中可以看到，回购组样本公司当年绩效与前一年相比，每股现金流、主营收入增长率、净利润率都没有发生显著变化，据此可以推断，公司回购当年获得的绩效改善主要来源于股份回购对于财务绩效指标计算方式的机械式改进效应，而不是来源于股份回购对于公司盈利能力的根本性改善。这充分体现了股份回购对于公司绩效的盈余管理效应。

进一步股份回购后一年与当年绩效指标，如表 8 - 4 和表 8 - 5 所示。与后一年相比，回购组样本公司当年财务绩效指标中，只有每股盈余指标存在显著差异，通过中位数 10% 水平显著性检验，其他指标无论均值和中位数都不存在显著性检验。而从均值差来看，除了每股盈余以外，其他绩效指标均有下降趋势。这进一步说明，在排除股份回购对于财务绩效指标的机械式改进效应以后，股份回购并没有给公司绩效带来实质性增长，相反，公司绩效还有下降趋势。

表 8 – 4　　　　　股份回购后一年与当年绩效指标的均值差 T 检验结果

统计项	均值差	T	P 值
每股盈余	0.037	0.949	0.350
净资产收益率	−0.018	−0.883	0.384
总资产收益率	−0.003	−0.524	0.604
每股现金流	−0.099	−1.272	0.213
主营收入增长率	−0.258	−0.740	0.465
营业收入净利润率	−0.019	−0.709	0.484

表 8 – 5　　　　　股份回购后一年与当年绩效指标的符号秩检验结果

统计项	EPS0 – EPSH	ROE0 – ROEH	ROA0 – ROAH	CPS0 – CPSH	RS0 – RSH	RP0 – RPH
Z	−1.828（a）	−.170（a）	−.009（b）	−1.160（b）	−1.474（a）	−.241（b）
Asymp. Sig. (2 – tailed)	0.068	0.865	0.993	0.246	0.140	0.809

a　Based on positive ranks.
b　Based on negative ranks.

注：EPS0 表示当年的每股盈余，EPSH 表示后一年的每股盈余，其他依次类推。

8.3.2.2　回购组样本与配对组样本的比较分析

从表 8 – 6 中看出，在回购前一年，回购组公司的每股盈余、净资产收益率、总资产收益率、每股现金流四个指标，无论均值还是中位数，都低于配对组公司，而且四个指标都在 5% 水平上具有显著性差异，而主营收入增长率、营业收入净利润率指标都没有显著差异。这说明在回购前，回购公司与配对组公司的公司绩效有着显著差异，而且回购公司远远低于配对组公司，这与国外研究结论不一致。按照国外研究，公司绩效较好、现金较为充分的公司才会回购股份。我国回购组公司绩效在回购前一年显著低于配对组公司，这可能在于，回购公司正是由于公司绩效较差，才有强力动机去通过回购股份获得公司绩效指标的盈余管理效应。在回购当年以及后一年，股份回购组公司与配对组公司在公司绩效指标上均不存在显著差异，这说明，股份回购并没有给回购公司绩效带来长期增长。

表 8 - 6 相同年度内回购组样本和配对组样本的
经营绩效差异检验结果

统计项		回购组		配对组		均值差	T	Z
		均值	中位数	均值	中位数			
每股盈余	前一年	0.009	0.030	0.168	0.110	− 0.160	− 2.421 **	− 2.394 **
	当年	0.119	0.050	0.115	0.110	0.004	0.065	− 1.028
	后一年	0.155	0.090	0.202	0.200	− 0.046	− 0.646	− 0.795
净资产收益率	前一年	− 0.006	0.012	0.045	0.037	− 0.052	− 2.136 **	− 2.046 **
	当年	0.049	0.029	0.017	0.047	0.031	0.951	− 0.205
	后一年	0.031	0.026	0.042	0.054	− 0.011	− 0.360	− 0.616
总资产收益率	前一年	0.000	0.006	0.025	0.015	− 0.025	− 2.110 **	− 1.724 *
	当年	0.022	0.014	0.015	0.020	0.007	0.718	− 0.098
	后一年	0.019	0.010	0.019	0.025	0.000	0.019	− 0.205
每股现金流	前一年	0.275	0.230	0.567	0.420	− 0.292	− 2.532 **	− 2.342 **
	当年	0.414	0.350	0.331	0.360	0.083	0.753	− 0.438
	后一年	0.315	0.220	0.183	0.170	0.132	1.278	− 0.625
主营收入增长率	前一年	0.190	0.178	0.123	0.094	0.066	1.111	− 1.152
	当年	0.418	0.076	0.244	0.138	0.174	0.476	− 1.224
	后一年	0.160	0.157	0.295	0.134	− 0.135	− 0.967	− 0.724
营业收入净利润率	前一年	0.488	0.011	0.046	0.033	0.442	0.860	− 1.546
	当年	0.049	0.021	0.012	0.044	0.037	1.385	− 0.009
	后一年	0.030	0.017	0.017	0.050	0.013	0.274	− 1.287

注： * 、** 分别代表在 10% 和 5% 统计水平下显著。

8.4 定向回购公司绩效变化原因分析

8.4.1 研究方法

首先将定向回购公司分为两类，一类是绩效下滑公司（简称"变脸公司"），另一类是绩效未下滑公司（简称"未变脸公司"），其次采用两独立样本的曼—惠特尼 U 检验，对照分析变脸公司与未变脸公司在回购前一年的绩效相关系列指标中位数。

如果将变脸定义为回购当年 ROA 低于回购前一年 ROA，则当年变脸公司为 9 家，占样本总数（33 家）30%；如果将变脸定义为回购当年和后一年 ROA 均低于回购前一年 ROA，则变脸公司为 6 家，占样本总数（33 家）20%。本书分别采用了这两种变脸定义标准，比较分析变脸公司与未变脸公司回购前一年主要财务指标中位数。

8.4.2　变脸公司与未变脸公司主要指标的比较分析

表 8 - 7 表明，变脸公司回购比例、回购前一年速动比率都显著高于未变脸公司，而主营收入增长率显著低于未变脸公司，除此之外，其他指标并无显著性差异。从盈利能力指标来看，其净资产报酬率、总资产报酬率、主营收入增长率、主营业务利润率均低于未变脸公司，其中主营收入增长率显著低于未变脸公司，这说明，变脸公司前期盈利能力本身就不佳，导致后期经营绩效下滑；从资产规模和运用效率来看，变脸公司总资产、应收账款周转率、流动资产周转率和总资产周转率低于未变脸公司，而变脸公司回购比例显著高于未变脸公司，这些说明变脸公司由于规模较小、资产营运效率较低，不宜回购太多股份，否则会影响公司资产正常运用，导致公司绩效下滑；从偿债能力指标来看，变脸公司资产负债率低于未变脸公司，变脸公司流动比率、速动比率、现金比率高于未变脸公司，这与国外研究结论存在差异，这可能源于中国股份回购的资金来源较多依赖应收款项和非现金资产而不是现金资产。此外，变脸公司第一大股东持股、其他应收款比例大于未变脸公司，说明变脸公司的公司治理状况不如未变脸公司，通过其他应收款途径资金占用严重。

表 8 - 7　当年变脸公司与未变脸公司回购前一年主要指标中位数比较

比较项	变脸公司	未变脸公司	差异	显著性
第一大股东持股	0.630	0.573	0.058	0.564
回购比例	0.268	0.125	0.143 **	0.032
ROE	0.011	0.015	- 0.003	0.648
ROA	0.006	0.007	- 0.001	0.462
主营收入增长率	0.103	0.214	- 0.111 **	0.032

比较项	变脸公司	未变脸公司	差异	显著性
主营业务利润率	0.140	0.150	−0.010	0.984
总资产	1645304646	1886062066	−240757420	0.827
资产负债率	0.390	0.510	−0.120	0.102
流动比率	1.650	1.405	0.245	0.154
速动比率	1.380	1.075	0.305 *	0.079
现金比率	0.630	0.250	0.380	0.131
其他应收款比例	0.578	0.416	0.162	0.437
应收账款周转率	3.690	5.200	−1.510	0.254
流动资产周转率	0.820	1.045	−0.225	0.154
总资产周转率	0.450	0.560	−0.110	0.131

注：显著性检验是两独立样本的曼—惠特尼U检验（Mann - Whitney U），表中列示的是U统计量的相伴概率值，*、** 分别代表在10%和5%统计水平下显著。

如表8-8所示，进一步对当年和后一年均变脸公司与未变脸公司在回购前一年主要财务指标中位数比较，得出了与上述分析相似的结论。与当年变脸公司有所不同的是，当年和后一年均变脸公司现金比率和其他应收款比例显著高于未变脸公司。我们推测，与未变脸公司相比，变脸公司有较多资金闲置以及资金占用，这也是导致其绩效下滑的重要原因。

表8-8 当年和后一年均变脸公司与未变脸公司回购前一年
主要财务指标中位数比较

比较项	变脸公司	未变脸公司	差异	显著性
第一大股东持股	0.679	0.571	0.107	0.173
回购比例	0.345	0.128	0.218 **	0.027
ROE	0.029	0.011	0.017	0.302
ROA	0.009	0.006	0.004	0.260
主营收入增长率	−0.039	0.178	−0.217 **	0.057
主营业务利润率	0.130	0.140	−0.010	0.874
总资产	1690144812	1711227738	−21082925	0.633
资产负债率	0.342	0.507	−0.165	0.302
流动比率	2.765	1.430	1.335	0.158

比较项	变脸公司	未变脸公司	差异	显著性
速动比率	2. 120	1. 100	1. 020 **	0. 040
现金比率	0. 670	0. 250	0. 420 **	0. 024
其他应收款比例	0. 758	0. 384	0. 373 **	0. 040
应收账款周转率	5. 160	4. 680	0. 480	0. 910
流动资产周转率	0. 750	1. 040	- 0. 290	0. 302
总资产周转率	0. 335	0. 550	- 0. 215	0. 372

注：显著性检验是两独立样本的曼 – 惠特尼 U 检验（Mann – Whitney U），表中列示的是 U 统计量的相伴概率值，** 代表在 5% 统计水平下显著。

8.5　定向回购对公司绩效影响的回归分析

为进一步研究公司绩效的影响因素，以检验公司绩效与股份回购的相关性，本书采用多元回归进行分析。

8.5.1　研究设计

8.5.1.1　样本选取与数据来源

为了保持研究的前后一致性，本书选择实际实施股份回购的 33 只非金融行业上市公司股票作为样本。相关财务数据主要来源于 CSMAR 数据库，同时笔者随机抽样进行了核对。2006 年和 2007 年相关数据主要由笔者根据证监会披露的季度报告数据以及相关财经网站披露数据整理得到，统计软件采用 SPSS13。

8.5.1.2　研究变量设计

股份回购对公司绩效影响研究，我们采用以下研究变量，各个变量含义如表 8 – 9 所示。各变量的计算如同前文。

表 8 - 9　　　　　　　　　　　股份回购对公司绩效的回归分析变量

变量名	变量定义
公司绩效指标	
总资产报酬率（ROA）	回购完成当年总资产报酬率
影响绩效指标	
回购金额（HGE）	回购金额对数
控制变量	
资产负债率（DE）	回购前一年末资产负债率
市净率（MB）	回购前一年末市净率
现金比率（CTA）	回购前一年末流动比率
总资产（ZC）	回购前一年末总资产对数
主营业务收入增长率（RS）	回购前一年末主营业务收入增长率
第一大股东持股比例（DGD）	回购前一年末第一大股东持股比例
其他应收款比例（YSK）	回购前一年末其他应收款比例

8.5.1.3 研究模型

为了进一步考察股份回购对公司绩效的影响，我们以成功实施回购的上市公司 ROA 作为被解释变量，以回购金额（HGE）作为解释变量，在控制了资产负债率、市净率等因素的条件下，建立模型如下：

$$ROA = \beta_0 + \beta_1 HGE + \beta_2 DE + \beta_3 MB + \beta_4 CTA + \beta_5 ZC$$
$$+ \beta_6 RS + \beta_7 DGD + \beta_8 YSK + \varepsilon$$

8.5.2 实证结果与分析

模型的 F 值为 3.048，通过 F 检验。其中，Adjusted R^2 为 0.339，模型的显著水平为 0.05，说明模型拟合较好，解释力为 33.9%。同时，最大方差膨胀因子 VIF 为 2.773，说明各变量之间不存在明显的多重共线性问题。由于所选样本具有时间序列性，因此做了德宾—沃森检验，DW 值为 1.901，接近于 2，即不存在自相关性，因此我们直接采用普通最小二乘法进行多元回归，回归结果如表 8 - 10 所示。

表 8 – 10　　　　　　　　股份回购对总资产收益率影响的回归分析

统计项	系数	T
Constant	– 0.093	– 0.791
回购金额	– 0.003	– 0.687
资产负债率	– 0.038	– 0.939
市净率	0.013	2.412 **
现金比率	0.004	0.513
总资产	0.006	0.845
大股东持股比例	0.069	2.362 **
其他应收款比例	– 0.009	– 0.507
主营收入增长率	0.021	1.231
Adjusted R Square	0.339	
F	3.048 **	
观测值	33	

注：** 代表在 5% 统计水平下 T 检验显著（双尾检验）。

从表中可以发现，回购金额对 ROA 具有负向影响，即回购越多，公司绩效越差。但是这种影响并不显著，这与国外研究结论存在分歧，说明中国股份回购在提升公司绩效指标同时，也损害了公司实际经营能力。资产负债比率对 ROA 的影响为负向，说明回购之前资产负债率较低的上市公司，在回购完成后，盈利能力有可能获得较大提升。但是两者之间的关系没有通过显著性检验，说明尽管通过股份回购可以调节上市公司的资产负债比率，但是其对公司绩效的改善效果还需要在更长久的时间内考察。市净率对 ROA 的影响在 5% 水平显著为正，说明回购之前上市公司的市净率越大，回购后公司的绩效上升越多。第一大股东持股比例对 ROA 的影响在 5% 水平显著为正，说明大股东持股比例较高的公司，回购后绩效改善相对较大。我们推断，因为大股东持股比例越高，越可能占用上市公司资金，通过股份回购，可以抵消资金占用，消除公司不良资产，从而有利于提升公司绩效。

此外，总资产、主营收入增长率、现金比率、其他应收款比例与净资产收益率之间都不具有显著性，但是它们与净资产收益率之间的符号符合预期，总资产、主营收入增长率、现金比率越大，净资产收益率越大；其他应收款比例越大，净资产收益率越小。

为了检验模型的稳健性，我们用股份回购完成当年净资产收益率（ROE）来替换总资产收益率（ROA），再次进行多元回归，回归结果如表 8 – 11 所示，可以看出，除了资产负债率的符号有所不同以外，其他影响因素的结果保持不变。对于净资产收益率，依然仅有大股东持股比例和市净率具有显著性影响，回购金额对于净资产收益率具有负向影响，但不显著。

表 8 – 11　　　　　　　股份回购对净资产收益率影响的回归分析

统计项	系数	T	P 值
Constant	– 0.322	– 1.246	0.225
回购金额	– 0.009	– 0.842	0.408
资产负债率	0.001	0.009	0.993
市净率	0.025	2.145 **	0.042
现金比率	0.013	0.703	0.489
总资产	0.020	1.244	0.225
大股东持股比例	0.121	1.882 *	0.072
其他应收款比例	– 0.031	– 0.777	0.445
主营收入增长率	0.030	0.808	0.427
Adjusted R Square	0.223		
F	2.149 *		
观测值	33		

注：* 、** 代表在 10% 和 5% 统计水平下 T 检验显著（双尾检验）。

8.6　本章小结

本章通过对股份回购前后、回购组与配对组、变脸公司与未变脸公司绩效相关指标的对比分析，以及多元线性回归分析，考察了公司股份回购后绩效变化情况及其原因。

（1）采用两种比较方法系统地考察了回购公司在股份回购后经营绩效的变动情况。既对回购组样本在回购前后的经营绩效作了纵向比较，也对回购组样本与配对组样本的经营绩效作了横向对比。

纵向比较发现：股份回购后公司每股盈余、净资产收益率、总资产收益率等绩效指标显著得以改善，但是这种绩效指标改善主要来源于股份回购对于财务绩效指标计算方式的机械式改进效应，并不能代表公司盈利能力的实质性提升。在排除对于财务绩效指标计算方式影响以后，股份回购后公司每股现金流、主营收入增长率、营业收入净利润率等指标并没有显著增长，相反，还有所下降。这充分体现了股份回购对于公司绩效的盈余管理效应。

横向对比发现：股份回购仅仅在回购当年给予公司绩效带来改善效果，使得原本远远低于配对组绩效的回购组公司提升了公司绩效指标，与配对组相比不再存在显著差异。但是，从回购以后一年的公司绩效来看，回购公司并没有取得较好的绩效，说明通过股份回购并未能够实现公司绩效的实际改善。

（2）对于股份回购后绩效变化原因，本章采用分类比较方法考察了股份回购公司在股份回购后经营绩效下滑的原因，并对回购规模与公司绩效之间关系进行回归分析。

通过分类比较股份回购后绩效下滑与未下滑公司财务指标发现，公司在股份回购前一年的资产规模越小、资产运用效率越低、盈利能力越差、公司治理状况越差、股份回购比例越大、资金占用越严重，公司在股份回购后绩效下滑的可能性越大。

通过回归分析发现，回购比例对 ROA 具有负向影响，即回购越多，公司绩效越差，说明中国股份回购在提升公司绩效指标的同时，也损害了公司实际经营能力。而大股东持股比例和市净率对 ROA 都有显著正向关系，即说明回购之前公司市净率越大，大股东持股比例较高，回购后公司绩效越好。

上述研究结论表明，公司在股份回购前一年的资产规模越小、资产运用效率越低、盈利能力越差、公司治理状况越差、股份回购比例越大、资金占用越严重，公司在股份回购后绩效下滑的可能性越大。为此，监管部门应该从盈利能力、资产运用效率、公司治理、回购股份数量、回购资金来源等方面对上市公司实施股份回购的资格做出原则性的规定，以防止控股股东或管理层为了一己之私，在条件不具备的情况下，强行实施股份回购计划，损害公司其他股东和债权人的利益。基于本章研究结论，下一章将进一步探讨如何完善中国股份回购制度，以规范股份回购行为，使得具备股份回购能力和必要性的公司开展股份回购，努力发挥股份回购的优势功能效用，促进中国股份回购健康发展。

第 9 章

中国股份回购模式的完善与发展

9.1　国际市场股份回购立法模式及其变革趋势

公司股份回购是国际成熟资本市场上重要的金融工具，一些发达国家（地区）在该方面有较为成功的立法经验，值得我国学习和借鉴。在国际上，关于股份回购的立法主要存在两种模式：一种是以美国为代表的"原则允许，例外禁止"的模式；另一种是以德国为代表的"原则禁止，例外允许"的模式。

9.1.1　"原则允许、例外禁止"立法模式

9.1.1.1　美国立法

在美国，现代意义上的公司法出现在 19 世纪下半叶和 20 世纪初。在 19 世纪早期，设立公司的章程都由各州立法机关自行批准。此后美国各州才开始对公司的规模、资本额、许可目的或权利进行限制。后来这些限制也逐渐被大多数州所删除。由此可见，美国各州的早期立法并没有限制公司股份回购的法律规定。这也形成了美国在公司立法上一直以来原则上容许公司自由取得自己股份的法律传统。

公司股份回购现象在美国非常普遍。美国成文法通常授予公司取得自己股份的权利，公司章程也可以作此规定，甚至成文法及章程均无规定时，在不侵害公司债权人、不违反股东平等原则的情况下，公司为了维护现有的经营方针、维持本公司利益，默示该公司有收买自己股份的权利。但多数州在原则允许股份回购的前提下，对股份回购的资金来源加以限

制，也有少数州采取手续限制的方式，违反限制条件的回购被列入禁止之列。

由于各州在公司立法中不一致，给涉及跨州公司事务的实践带来极大的不便。在 1950 年，美国律师协会（ABA）公司法委员会制定了《标准商事公司法》，它虽然不具有强制力，但各州在制定本州的公司法时都会或多或少地参考该规范，在美国公司法领域具有领导地位。《标准商事公司法》分别于 1984 年和 1999 年做出了重大修改，修改后的版本同样得到了许多州的广泛接受。

1984 年之前的美国《标准商事公司法》规定："公司就自己股份有收买、取得、所有、收质、让与及其他处分之权利，但股份之收买，不论直接与间接，仅以可供使用且未受保留与限制的盈余为限；若为章程所允许，或经表决权股 2/3 以上同意，也可由可供使用且未受保留与限制的资本剩余金为之。"尽管有上述资金来源的限制，但有下列 4 种情况可例外不受这种限制：整理散股；收取公司债权；应反对股东请求；为偿还可赎回股。

1984 年颁布的《修订的标准商事公司法》将股份回购视为利润分配的方法之一。那么，当公司在未取得可分配利润的前提下，不能进行股份回购。回购取得的股份，构成已授权但未发行的股份，并无库藏股的设计。如果公司章程禁止将回购取得的股份再次发行，则相应从授权股份中扣减回购的股份。

9.1.1.2　英国立法

英国公司法对于股份有限公司可否取得自己股份，在 1887 年以前既无明文规定，也无统一的见解。直至 1948 年的英国公司法明文规定了禁止公司取得自己的股份，但设有四种例外情形允许公司取得自己的股份：为减资而取得；为偿还可赎回股或优先股而取得；因股份的没收而取得；依特别法规定，赋予收买请求权而取得。后来随着经济的发展和便利公司财政的需要，英国也逐渐认识到公司股份回购的重要性，在 1981 年对公司法修订时，规定在一定的条件下，允许公司取得自己的股份。1985 年新公布的公司法总结了自 1948 年以来历次修改公司法内容，原则上仍禁止公司回购自己股份，在例外情形下可以取得自己的股份。但是英国对于允许回购的情形规定得相当广泛，以至于有英国学者认为："其规定如此之广，因而可以说回购自己的股份乃是一个普遍原则，在例外情况下才禁止股份回购。"

英国公司法明确规定的允许公司股份回购的情形主要有：以公司章程认可股份回购行为为前提并得到股东会承认时；无偿取得时；实施减资时；依照法院的判决时；因股东怠于缴纳股款而没收取得时。同时，在股份回购的限制方面，英国公司法除规定股东会决议的程序外，还对公司取得财源方面做出了严格的限制。当公司违反上述限制取得了本公司的股份时，不仅取得行为无效，公司及董事还要对上述行为承担相应的法律责任。

9.1.2 "原则禁止、例外许可"立法模式

以德国为代表"原则禁止、例外允许"的模式，又称德国模式或欧洲模式，这种立法模式原则上禁止公司进行股份回购，但同时又列举了允许股份回购的法定情形。德国和法国的股份回购立法均采取了该种模式。

9.1.2.1 德国立法

德国最早的商事立法对股份回购未作任何规定。1870 年旧商法修订后，明确规定公司不得购买自己的股份。1884 年德国商法第二次修改时，取消了上述对公司购买自己股份的绝对禁止性规定。之后，德国在 1937 年旧股份法中及 1965 年颁布的《股份公司法》中规定了在例外的六种情况下，容许公司取得自己股份。至此，德国公司有关股份回购界限得以明确，"原则禁止、例外许可"的原则得以完全确立。德国《股份公司法》第 56 条规定：股份有限公司不得认购自有股份，子公司也不得认购其母公司的股份。但该法第 71 条规定了 6 种例外情形：（1）购买股票是为了使公司避免遭受严重的、迫在眉睫的损失所必需的；（2）这些股票是提供给公司职工或公司的关联企业的职工购买的；（3）公司缔结让渡领导权的支配合同，或签订转移全部盈利的盈利支付合同，或加入未来总公司时，为保护持反对意见的少数股东的权利而收购其所持公司股份；（4）以无偿方式取得或金融机构以取得实行买入行纪的；（5）以全部继受方式取得（合并时）；（6）根据股东大会决议，依关于减少股本的规定而注销的。近年来，德国陆续修正有关商事法律，1997 年 11 月国会通过《有关企业领域管理与透明性之法律》，大幅放宽作为德国企业资本政策手段的公司取得自己股份的限制，同时从德国企业报酬制度国际化的观点，引进股票

期权制度。该法律文件主要是将欧共体第 2 号公司法指令第 19 条第 1 项规定经股东大会许可取得自己股份的事由，增订为《德国股份法》第 71 条第 1 项第八款规定，增加许可公司取得自己股份的事由。

9.1.2.2　法国立法

法国在 1966 年《商事公司法》颁布以前，没有关于股份回购问题的规定，只是在判例中根据公司法的基本原则，认为只在下列情况下，容许公司取得自己股份：一是未直接、间接违背资本维持原则；二是不违背股东平等原则；三是遵守法定程序（如以资本购买时，需经过减资的特别协议）；四是与公司之利益一致。否则，即使未以公司名义取得，如实质上仍为之计算，其取得仍属无效。1966 年公司法制定之初，除减少资本的情形外，全面禁止公司取得自己的股份。于第二年后又追加员工持股与上市股份市场买入（不得违反对股份价格限定，不得超过其资本总额的10%）两项例外，容许取得自己股份的规定，以利于员工利益参加制度及资本市场振兴政策的推动。1987 年修正公司法时进一步扩大了取得事由，放宽对公司取得自己股份的限制，其允许公司取得自己股份的事由如下：非因亏损而减资；为提供员工持股；上市公司为调整市场行情，经股东大会普通决议通过；依据权利的继受取得；依据法院的判决。

9.1.3　国际市场股份回购立法的发展趋势

9.1.3.1　国际市场股份回购最新立法变化

近十几年以来，世界股票市场上股份回购活动发生了重大转变。伴随股份回购交易数量的显著增加，许多国家或者地区对股份回购的立法做出了新的变革。具体来说，体现在以下几个方面：许多国家在最近十年里开始引入股份回购概念；许多股份回购合法化的国家正在放松对股份回购的管制条款；有些国家开始从注销回购股份转向以库藏股形式持有回购股份；一些国家开始引入更加宽松规则，允许运用库藏股增强股票市场的稳定性。[①]

---

① Nidal Rashid Sabri. Using Treasury Repurchase Shares to Stabilize Stock Markets ［J］. International Journal of Business, 2003, 8（4）.

（1）首次引入股份回购概念。如表 9 - 1 所示，在 1995 ~ 2000 年，一些国家或地区股份回购相关法规发生了明显变化。一些国家或地区开始通过修订公司法等法规首次引入股份回购概念，使其合法化，例如，1995 年日本、1997 年芬兰、1997 年马来西亚、1998 年德国、1998 年新加坡、1998 年印度、1999 年南美洲、1999 年挪威、2000 年丹麦、2000 年瑞典、2000 年中国台湾地区等。

表 9 - 1   1995 ~ 2000 年一些国家或地区股份回购
相关法规的重大变化

国家或地区	年份	主要变化
澳大利亚	1995	放松股份回购管制，取消 10% 的限制
丹麦	2000	从 2000 年 3 月开始实施股份回购新法规
芬兰	1997	开始允许公司回购股票
	1998	改变税法规定以鼓励股份回购
德国	1998	开始允许公司回购股票
	1998	修改证券法（1998）关于公司回购股票的披露条款
印度	1999	开始允许公司回购股票
日本	1995	开始允许上市公司回购股票
荷兰	2001	改变税法规定以鼓励股份回购
挪威	1999	开始允许公司回购股票
马来西亚	1997	开始允许上市公司回购股票或为其他人回购股票提供财务援助
新加坡	1998	开始允许公司回购股票
	1999	修订股份回购法规
	2000	发布股份回购相关的税收规定
新西兰	1999	修订股份回购法规
瑞典	2000	开始允许上市公司回购股票
南美洲	1999	开始允许公司回购股票
中国台湾	2000	开始允许上市公司回购股票
英国	1996	关于公司回购股票的财务援助的征求意见稿
	1999	关于允许投资公司使用资本收益回购股票的征求意见稿

（2）库藏股概念的变化。股份回购的一个重大变化在于从注销所回购的股票到将回购股票作为库藏股持有的转变，如表 9 - 2 所示。

表 9 - 2   1998 ~ 1999 年一些国家或地区采用库藏股概念的变化

国家或地区	年份	主要变化
中国香港	1998	发布引入库藏股的征求意见稿
日本	1999	着手研究引入库藏股的设想
马来西亚	1998	公司被赋予以库藏股形式持有回购股票的选择权
英国	1999	贸易工业部批准关于放松公司法以允许公司持有回购股票作为库藏股的征求意见稿
美国	1999	放松规则 10b - 18，通过改变以库藏股形式持有的回购的时机规则来提高市场严重下跌情况下的市场流动性
	1998	修订了交易暂停条款，以避免因市场某天严重下滑而导致系统性崩盘发生（规则 80B）

美国允许以库藏股形式持有回购股票。1999 年美国对规则 10b - 18 进行了修订，通过改变以库藏股形式持有的回购的时机规则，来提高市场严重下跌情况下的市场流动性，而其他回购条件，如回购方式、价格和数量，依然按照"安全港"规则 10b - 18 执行。

中国香港地区 1998 年发布了允许存在库藏股的征求意见稿，提出了赞同库藏股合法化的五点理由：更好地控制债务与权益之间的平衡；提供资金筹集的灵活性；更好地管理员工股票计划；在恰当时机处理股票；允许公司投资自己的股票。

（3）股份回购的法律状况。如表 9 - 3 所示，所有国家或地区股份回购的决策都需要得到多数股东的同意才可以，并且需要公告回购计划。有些还需要得到股票交易所的同意才可以实施，如加拿大。而有些国家只需要向股票交易所备案，如美国。大多数国家要求以保留盈余和自由现金储备作为股份回购资金来源，而不是已支付资本。大多数国家法律不允许通过回购股票向第三方提供财务援助。公平回购价格的条件在不同国家有着很大差异。

表 9 – 3   2000 年九个国家或地区既有公司法和股份回购实践（节选）

国家或地区	主要变化
加拿大	股份回购计划需得到交易所的批准 不超过发行在外股票的 10% 和时间不超过一年 只能经由一个代理商实施 超过 30 天的股份回购不得超过发行在外股份的 2%
希腊	需要得到会员大会批准，提前 10 天披露 不超过发行在外股票的 10% 和时间不超过一年 在 3 年内处置完毕
中国香港	采用普通要约形式，其他形式只有在特殊情形下才能使用。以可分配盈余或发行股票来作为回购资金来源。在根据特殊条款回购超过 10% 股份时，必须保持市场最小幅度的波动。向交易所备案并需要得到交易所的批准
印度	回购不超过已支付资本和储备的 25%，在 12 个月内完成回购计划 以自由储备作为资金来源，股票溢价 在回购以后 7 天内取消回购股票 债务权益净比例小于 2：1
荷兰	不超过发行在外股票的 10% 和购回股票要被注销 以保留盈余作为回购资金来源，在 18 个月内完成回购计划 回购数量和条件的需得到股东大会批准
新西兰	不超过发行在外股票的 10% 基于日平均市场价格 回购价格应该是前一个月的日平均价格 向交易所备案，在 12 个月内完成
新加坡	以可分配盈余作为资金来源 在回购期间内由股东控制 公司可以以加权平均市场价格的最多 10% 折扣价格向机构投资者处置最多 20% 的资本
英国	需要经过股东投票表决多数同意和以文书形式授权 回购完全付清股份，回购后必须注销 以可分配盈余或发行股票来作为回购资金来源
美国	保持发行在外股票的最小幅度的浮动 经过董事会批准后发布正式公告，在特定时期向股票交易所备案和提交详细表格 自愿性运用 SEC 的安全港规则（10b – 18）

9.1.3.2　国际市场股份回购立法模式的发展趋势

从前文分析得知，两种立法模式各有利弊，一国采用何种立法体制，在很大程度上取决于各个国家特殊的经济、政治和文化体制。"原则禁止，例外允许"的德国模式，注重保护债权人利益和维护公司资本，但是过于严格的限制给公司的运营带来了诸多不便。因此，随着经济的发展，采取德国模式的国家，不断扩大其适用的范围。而"原则许可、例外禁止"的美国模式，由于其具有较大的灵活性，满足了公司运营的需要，但是对于债权人的保护、交易秩序的维持则具有一定的弊端。美国也在立法中注重采取一定的措施来应对这些弊端。

通过对各国公司法关于股份回购的透视，各个国家公司法对股份回购的法律管制渐趋宽松。西方各国公司法允许股份回购的情形已从最初的减资、合并，扩展为包括反收购、稳定股份、职工持股、少数股东行使股份收买请求权等在内的许多种，并仍有进一步扩大的趋势。立法充分体现了市场经济和现代制度的发展要求。一些符合市场经济和现代企业制度发展要求的股份回购行为，已为西方国家公司法所认可。例如，员工持股计划和管理层股票期权计划作为公司内部的一种激励机制，在西方日益盛行。有鉴于此，德国、法国、欧盟的公司法都允许公司为推行职工持股计划和管理层股票期权计划而回购股份。

立法更加注重保护公司自身的合法权益。以往立法往往忽视公司回购自己股份的合理性和必要性，股份回购的适用范围被严格限定在少数例外情形内。现在，一些为公司开展资本运营所必需的股份回购逐渐为各国公司法所认可。例如，在股市低迷的情况下，上市公司股票价格往往持续下跌，甚至远低于其实际价值时，为了使股票价格能够如实反映股票价值，公司可以进行回购股份。或者当发生恶意收购而损害公司利益时，目标公司也可以回购其股份。

总的来说，从近些年的发展来看，两者呈相互靠拢之势。随着社会经济发展，采取德国模式的国家开始突破传统法律观念的束缚，对禁止公司取得自己股份的立法有了渐渐缓和的趋势，不断扩大股份回购例外适用的范围。而采用美国模式的国家也都对股份回购给予不同程度的限制。

9.2 中国股份回购模式的完善与发展

9.2.1 立法模式的反思与选择

股份回购法律制度具有相当丰富的内容，既涉及实体规范设计，也涉及程序规范设计，涉及多方面的利益协调和保护。在国外，股份回购属公司减资方式之一，其所涉内容多属债权人和股东利益的保护，有关股份回购的内容多由公司法规范，我国也不应例外。同时，考虑到上市公司股份回购将以证券市场为平台，对股份回购证券法也应有所规范。因此，构建我国公司股份回购法律制度应当以《公司法》、《证券法》的概要规定为基点，通过《公司法》的概括规定允许公司回购股份的事由、财源和数量限制、回购方式、回购股份的处理及相应的责任制度等；在《证券法》中规定公司回购股份的申报（或备案）机关、股份回购的监管、信息披露的责任和内幕交易的责任等；至于具体信息披露的内容、申报（或备案）的程序、股份回购的具体实施程序，可制定相应的配套法规和部门规章予以详细规定。

从我国股份回购法律制度的演变历程，我们可以清晰地看到，我国股份回购立法模式正由"原则禁止、例外许可"模式向"原则许可、例外禁止"模式转变。与以前相关法规制度相比，最近颁布施行的《回购办法》与《公司法》对股份回购的制度建设有了极大的改进。比如，拓展了回购范围，详细要求回购信息披露，明确回购方式，首次提出回购公司所应具备条件等，更加重要的是引进了库藏股制度。这些变化体现了我国股份回购与国际市场股份回购立法相接轨的趋势。《回购办法》虽然依然沿用了德国模式即"原则禁止、例外许可"，但是由于对例外许可几乎没有任何约束，事实上直接过渡到了美国的股份回购"原则许可，例外禁止"的模式。

但是，我国与西方发达国家的经济水平差距现实存在，我国金融证券市场不成熟之现状也不可回避，相关法律对此方面的规制也甚不完善。基于对我国固有的政治、法律、文化传统，以及市场经济尚不成熟之经济现状的考虑，我国在大胆借鉴开放的同时，更应稳步推进。在与国际立法接轨的同时，应奉行稳健的改革和立法原则，否则就只能导致股份回购行为异化和功能缺失现象，使得股份回购的积极作用无法有效发挥，只能成为公司实现套取现金、获得融资资格和操纵股价的工具，不利于证券市场长期健康发展。

9.2.2　中国股份回购模式的完善和发展

由于股份种类和治理结构等方面的原因，注定了我国上市公司股份回购极易产生市场操纵和经营者的败德行为。因此，如何加强对股份回购的监管关系到股份回购这一新兴金融工具的未来前景。有关部门应该加强对股份回购的监管，以贯彻资本市场公平待遇的原则，保证信息准确及时的公开，防止市场操纵和内幕交易，防止不规范交易和防止损害中小股东利益。

9.2.2.1　谨慎扩大股份回购的合法事由

近年来，随着资本市场的迅速发展和公司法理论的日臻成熟，各国普遍认识到股份回购作为资本市场的重要金融工具对于公司拓展资本运营、改善经营能力的重大意义，纷纷放宽对股份回购的法律管制，从而使股份回购的适用范围渐趋扩大。综观西方各国公司法，允许股份回购的"例外情形"已从最初的减资、合并两种扩展为包括反收购、稳定股份、职工持股、少数股东行使股份买回请求权等方面，并仍有进一步扩大的趋势。

从各国现行立法的比较来看，西方各国允许股份回购的合法事由都比我国更为宽松。为顺应世界潮流，满足本国实际需要，有必要扩大容许股份回购的幅度。当然，在放宽回购合法事由的同时，必须从各个方面完善对公司债权人、股东利益以及证券交易市场的保护措施，否则将会适得其反。因此，我国在进行此方面进一步的立法时，不应照抄照搬西方发达国家的模式，而应当根据我们社会主义特色市场经济选择自己的发展道路和立法模式。现就目前我国股份回购的主要回购目的做简要分析如下：

（1）以减持国有股为目的的股份回购。我国现行股份有限公司的股本结构普遍存在"一股独大"的现象，股权结构不合理，中小投资者难以对公司治理形成有效的监督和约束，容易形成"内部人控制"，公司治理结构存在显著缺陷，从而阻碍了公司资产经营效率的提高。同时，公司股票被人为分割为流通股和非流通股，国有股权的相对冻结和股性呆滞，证券市场资源优化配置功能残缺，使得二级市场股票价格信号失真，不利于证券市场的健康发展。

国有经济必须退出竞争性领域从而实现战略性转移，国有股须减持逐渐成为政府、理论界和市场各方之共识，国有股减持已经是大势所趋。国有股必须减持虽已成为各方共识，但使用什么方式或办法减持，以最大限度减少国有股减持的负面影响，却是仁者见仁，智者见智，有关方案层出不穷。股份回购不失为一种非常有效的国有股减持途径。

（2）应少数异议股东股份收买之请求而回购股份。为了对"资本多数原则"予以合理制衡，保护不同意见的中小股东的权利，多数国家公司法都承认中小股东在特定情形下可享有股份收买请求权。该制度的法理在于当公司控股股东出于自己利益做出有关决定时，处于少数地位的股东合法权益往往无法得到保护，因此，如果少数股东认为该类交易对他们有重大不良影响时，可以有权要求公司或和大股东依公平合理的价格收买其所持的股份，从而保护自身的利益，平衡大股东和少数股东之间的利益。行使股份收买请求权的成本较低，持续时间较短，且无须证明股东大会决议具有违法性，能够使少数股东较为轻松的摆脱受压迫的地位。而股份收买请求权作为自益权，行使权利的收益都归提出要求的股东，又能激励少数股东积极维护自己的权益。正因如此，股份回购作为保护少数股东利益的方式越来越受到各国公司立法的重视。在我国公司实践中，少数股东遭受多数股东侵害的案例屡见不鲜。确认股份回购作为保护少数股东利益的方式实有必要。

（3）限制为解决股东拖欠公司资金问题而回购股份。股份回购在国外是上市公司运用最多的资本运营方式之一，是一种重要的资产重组方式。就我国现状来说，"以股抵债"式股份回购不失为解决大股东占用上市公司资金的有效途径。近年来，大股东占用上市公司大量资金是中国资本市场上的一个热门话题，也是上市公司进行实质性重组的一道屏障。大股东或实际控制人侵占上市公司资金的行为，使一些上市公司因此成为"空壳"，直接侵害了上市公司和投资者的利益，导致一些上市公司陷入经营困境，已经成为影响中国资本市场规范发展的顽疾。

"以股抵债"式股份回购的确有一定的积极作用。其一，通过股份回购减少大股东股权，再行注销，减少上市公司的注册资本，实际上也使其资产名副其实。其二，控股股东股权比例减少后，将使公司的股权结构更为合理，有利于进一步完善法人治理结构。不过，"以股抵债"式被动股份回购虽与合法合规地主动回购股份呈现相同的结果——减资，但不是一样的性质和行为。"以股抵债"式股份回购能够解决大股东占款的存量问题，但在防止后期大股东占款现象的再次发生却鞭长莫及。"以股抵债"式股份回购不但没有惩罚占用上市公司资金的欠款股东，而且以高于净资产的价格用股份抵偿债务使大股东获取创新的大部分收益，这会导致其他上市公司大股东的道德风险和逆向选择问题。作为一项制度推行，极有可能引发道德风险，形成恶性循环。

从国有股减持、解决股权分置、实现全流通目的看，"以股抵债"式股份回购方案的作用就更加有限。它只能部分地解决存量，只能减少国有股权比例，而不能达到国有股需要退出时均能退出的基本目标；而且起作用的范围非常狭窄，仅仅局限在大股东占款大且无力以现金或其他方式偿还，并且上市公司的经营状况要稳定良好。因此，应该限制上市公司"以股抵债"式股份回购。

（4）限制上市公司为维护控制权而回购股份。在大陆法系国家，很少有以法律明文规定允许公司为反收购而回购股份的。允许以股份回购作为反收购手段与公司法的基本理念冲突，存在如下弊端：一是公司经营权争夺之际，董事或控制股东为纷争利害关系人，难保其不为巩固自己地位，运用公司资金收买公司股份；二是为了回购股份，除了耗尽公司剩余资金，还可能因过度借贷使公司财务恶化；三是大量回购股份，使流通在市场上的股份减少，会影响股价的形成；四是反收购可能会赶走能给公司带来更高效率与更多收益的经营者，还会使经营者缺乏努力工作的激励。

目前，我国上市公司国有股一股独大的现象仍很普遍，公司收购采用协议方式的居多。但敌意收购和反收购已初见端倪，而且随着国有股有选择地退出一些领域，上市公司股权结构逐渐分散化，敌意收购和反收购将更加活跃。因此在立法中对反收购给予关注是必要的。但鉴于我国股份公司的历史较短，其操作缺乏规范性；投资者还不成熟，缺乏自我保护能力；证券市场尚处于初级阶段，自我调节能力较差的现状，本人认为，因为防卫敌意收购易滋生管理层为一己之利而损害公司和股东的利益，在目前仍不应允许。

（5）限制上市公司为更正过低评价而回购股份。在国外很多国家还把公司股价被不合理地低估作为股份回购的事由。即当公司股票被投资者严重低估，价格低迷的时候，公司可以回购自己的股票，向市场传递正确信号，增加投资者的信心允许公司为更正过低评价而回购自身股份，存在着市场操纵的隐患。而且即便确为被不合理得低估了，公司完全可以采取信息披露等其他方式来向市场传递正确信号，而不需要采取回购这种成本很高的方式。

有些国家股份回购的立法，即使在相当大范围内允许股份回购，对更正过低评价而回购股份的态度也非常谨慎。从历史上看，日本商法1994年和1997年两次放宽对公司取得自己股份的限制，但至今仍未敢将"稳定股价"明文作为公司取得自己股份之法定理由。美国原则上允许公司进行股份回购，为稳定股份回购也不例外，但与之配套，有一套完整的"安全港规则"。根据该规则，为避免操纵市场嫌疑，公司回购交易必须满足四个标准，只要满足这四个条件，公司的股份回购一般就不能认为是操纵市场行为。此外，美国还通过大量判例构建了判断董事是否违反"注意义务"的"经营判断准则"。

股份回购在我国还是刚刚开始尝试的新事物，再加上目前我国法规不健全，证券市场监管机制不完善，自律性管理松弛，若毫无限制地承认股份回购，将为董事或大股东的内部人交易和操纵市场行为大开绿灯。如前所述，在目前我国的证券市场条件下，不宜采用单纯为提高股价而进行的股份回购。

综上所述，当前，容许公司回购股份的例外规定主要应增加前述为国有股退出以及因收买请求权之行使等事项。对于一些国家和学者所主张的为调节市场行情和防卫敌意收购而回购股份等事由，不宜予以认可。

9.2.2.2　股份回购的资金来源限定

股份回购产生了巨额现金流出，将直接影响股份公司的债务结构和财务费用，进而对公司经营造成影响，如对财源不加以限制将增加公司的负债，加重公司经营风险，侵犯债权人的利益。依照国外的通常做法，该项资金应来源于公司非保留的和无限制的资本盈余或营业盈余，股份回购的资金总额不得超过企业未分配利润和资本公积金之和。如德国《股份公司法》第71条则规定："只有当公司在不减少其基本资本或者根据法律或者章程设立的、不得用于支付给股东的储备金的情况下，能为自己的股票设立《商事法》第272条第（4）款规定的储备金时，这种购进才是允许的"。美国《标准商事公司法》规定，只能用保留或非保留的营业盈余或资本盈余来购买，并且如果购买股份作为库藏股持有时，则上述盈余要受到一定的限制。

西方绝大多数国家都对股份回购的资金来源做出了明确而详细的规

定。我国并无关于上市公司股份回购资金来源的明文规定，唯一可参照的是 1994 年颁发的《到境外上市公司必备条款》专门有两个章节论述了"减资和回购股票"以及"购买公司股份的财务资助"。从我国目前证券市场的情况看，股份回购的资金来源应当是自有资金。充足的现金流是企业决定回购股份的主要因素之一。《回购办法》虽对上市公司回购股份只做出了一个原则性的规定，即回购股份后应当有利于公司的可持续发展，但对于回购股份的上市公司而言，却不得不进行深层次的考虑。从现金回购短期看，现金支付会在资产负债表上产生现金亏空，公司短期的流动性会受到影响。从长期看，企业自身的发展对固定资本、流动资本以及两者之间的比例关系都有较严格的要求，不仅要求有短期的现金来源，更要有中长期现金流动的来源。如果不考虑现资本结构，不维持一定比例的流动资本，即使眼前筹资支付了回购，也会通过财务传动给以后的企业财务及资本运动带来极大的困难。

9.2.2.3　股份回购的数量限制

股份回购的数量与比例是一个关系到公司资本与该股票的稀缺性、投机性的参数，股份回购的比例大小也将直接影响该股票在二级市场的平稳与波动情况。过高比例的回购可能导致公司资本规模过小，对市场造成过大的冲击，不利于为公司发展建立一个相对稳定的资本市场。各国均对上市公司股份回购的数量和比例做出了限制性规定。主要有两种立法体例：一种是以美国为代表的体例，即没有明确限制数量的立法规定，而是通过以财源限制的方式间接限制公司取得自己股份的数量。另一种是以德国、法国及欧盟为代表的有明确数量限制的立法类型，如《欧盟公司法第二指令》（1976 年）第 19 条规定：公司取得自己股份（包括公司以前取得和持有的股份，以及他人以自己名义但为公司利益而取得的该公司股份）的票面价值（在无面值股份的情形下，为股份的记账价值）不能超过实际认购资本的 10％。

不过，这些国家或者地区对于公司回购股份的数量限制一般仅仅适用于特定事由的股份回购，即依据这些事由而回购的股份在回购后不是立即注销，而是留存于公司。究其原因，限制回购股份数量的立法旨意在于防止公司因持有自己股份所可能衍生的弊害，如果公司回购自己股份后立即注销，自然不存在公司持有自己股份而衍生的弊端。因此，股份回购的数量限制和回购资金来源限制通常适用于公司购回自己股份后并未立即注销的情形；至于回购后立即注销的股份回购，因不会发生持有买回自己股份所可能衍生的弊害，因而没有数量限制和回购资金来源限制的规定。与此类似，我国《公司法》仅规定公司"将股份奖励给本公司职工"而回购自己股份，不得超过本公司已发行股份总额的5%，用于收购的资金应当从公司的税后利润中支出。然而，公司基于其他法定事由而回购自己股份的，《公司法》没有做出数量限制。

我国目前证券市场和上市公司的股权结构具有其特殊性，回购数量比例应当因回购对象和方式不同而有所区别。对国有股、法人股等非流通股而言，由于回购对象不上市流通，一般是通过协议方式进行，不涉及众多的公众投资者，对二级市场股价的影响是间接的，回购比例的限制可以适当放宽一些。而对于社会公众流通股，回购比例不宜过大。因为目前我国证券市场发育尚不成熟，外部监管和自律乏力，防范和化解风险的能力较弱，除了满足国家关于上市交易的最低要求外，可以参考其他国家成熟市场10%的上限规定，以免引起对市场过大的冲击和震动，维护市场稳定。

9.2.2.4 完善回购主体资格制度

美国"安全港"规则面临争议的焦点在于没有对股份回购公司的资格条件作强制性规定，而我国《回购办法》对上市公司实施股份回购的资格也未作严格要求。按照《回购办法》，只要满足上市一年以上、最近一年无重大违法行为、回购后股权分布符合上市条件并具备持续发展能力的公司，都可以经过股东大会批准开展股份回购计划。从本书研究中，我们发现，公司在股份回购前一年的资产规模越小、资产运用效率越低、盈利能力越差、公司治理状况越差、股份回购比例越大、资金占用越严重，公司在股份回购后业绩下滑的可能性越大。因此，必须在盈利能力、资产运用效率、公司治理的完善状况等方面对上市公司实施股份回购的资格条件做出原则性规定，以防止控股股东或管理层为了一己之私，在条件不具备的情况下强行实施股份回购计划，损害其他股东和债权人利益，让真正具备股份回购能力和必要性的公司开展股份回购，努力发挥股份回购的优势特征，促进我国股份回购的健康发展。

第 10 章

结论与展望

10.1　基本结论

本书采用规范分析和实证分析相对结合的研究方法，改进和拓展了现有研究的"公司特征—宣告股价效应"分析范式，建立一个"公司特征—行为模式设计—公司绩效"相互印证的分析框架，对中国定向回购动因、行为模式和效果进行了全面的研究和刻画，由此揭示了中国定向回购的根本动因，并从"宏观环境—市场运行机制—公司治理"三个方面制度层面对这种动因的存在及其形成机制进行系统分析和阐释。本书研究的重要发现和主要结论可归纳为如下几点：

（1）中国股份回购具有定向回购行为取向。与美国股份回购行为相比，中国股份回购在回购方式选择、回购资金来源、回购定价模式、实际回购完成情况等方面存在较大差异。中国股份回购在回购方式上倾向于采用定向回购；回购资金来源依赖资金占用款；回购定价市场化程度不高；回购定价逐渐趋于市场化；定向回购的实际实施程度和回购规模都明显较高于公开市场回购。

（2）中国定向回购公司财务特征揭示了其回购动因在于获取控制权收益。中国定向回购的决定因素在于公司的流动比率、现金比率、净资产收益率、大股东持股比例、其他应收款比例；中国定向回购公司的财务特征主要表现为具有较高流动比率和其他应收款比例、较低的现金比率、较高大股东持股比例、较低的净资产收益率等。中国定向回购决策并非出于拥有充足的现金流量，而是由于拥有大量被大股东占用的款项，即控股股东占有上市公司资金越多，越有可能股份回购；上市公司并非基于自身较好的成长性，而是为了纯粹通过股份回购获得盈利指标的直接提高，盈利能力越差，越可能回购股票；中国定向回购决策实质上是符合增加控股股东的控制权收益。

（3）中国定向回购行为模式设计体现了控制权利益最大化的要求。中国定向回购的回购比例、回购金额、回购资金来源、回购定价基准、回购股份性质等回购行为模式都与大股东持股比例密切关联，这些行为模式特征体现了获取控制权收益的需求导向。基于回购价格偏离度的回购定价模式分析以及定向回购实施与取消的个案分析，都进一步证明，中国定向回购行为模式设计是控股股东在现有股权结构下寻求自身利益最大化的一种理性选择，符合控制权利益最大化的要求。

（4）中国定向回购并非真正实现稳定或提升股价、完善股权结构和优化资本结构的目标。中国定向回购并没有起到稳定或提升股价作用，相反使得股价明显下降；定向回购可以减少非流通股股份所占比例和大股东持股比例，一定程度上达到优化股权结构和完善公司治理结构的作用，但是从总体来看，定向回购对公司股权结构和公司治理结构改善的效果有限；定向回购在资本结构调整中的作用没有明显显现出来。

（5）定向回购并未能够从根本上促进公司长期财务绩效的增长。在排除股份回购对于财务业绩指标最直接的计算影响以外，股份回购并没有给公司绩效带来实际的明显增长，相反，公司业绩还有下降趋势；公司在股份回购前一年的资产规模越小、资产运用效率越低、盈利能力越差、公司治理状况越差、股份回购比例越大、资金占用越严重，公司在股份回购后业绩下滑的可能性越大；回购比例对资产收益率具有负向影响，即回购越多，公司业绩越差，但是这种影响并不显著。中国股份回购并没有起到理论预期的改善公司绩效的作用，股份回购后的公司绩效在平均上出现较为明显的恶化。股份回购更多的体现了管理者通过股份回购实现财务绩效的短期改善的盈余管理效应，没有证据表明它对公司长期绩效具有促进的作用。

10.2 后续研究展望

由于受时间限制、数据可得性以及本人现阶段研究能力有限的影响，研究过程中也发现了一些问题有待深入研究，这些问题主要包括：

（1）对中国股份回购选择动因的分析主要从实证分析发现及其解释的过程中逐步提出，再从制度性因素对这种动因的存在及其形成机制进行解释。尽管在分析过程中，本书将一些中国特定的制度性变量引入理论假设与模型分析中，但其中的大多数因素并没有内生到理论假设与模型设计中。今后笔者还要加强理论研究和建模技术，从理论模型上对中国股份回购动因及其解释进行深入的分析和刻画。

（2）限于数据问题，本书以截面数据分析主。随着发行样本的增多、时间跨度的延长以及上市公司信息披露的更加完善，在今后的研究中宜采用面板数据进行分析。

（3）随着中国股权分置改革完成，"全流通"时代即将到来，这种新的市场环境对股份回购的应用既是机遇也是挑战。股份回购的研究也存在更多需要关注的问题，例如，在新政策环境下，我们需要进一步关注股份回购与高层管理人员激励的关系、股份回购与现金红利的替代关系，等等。

参 考 文 献

[1] 陈峥嵘. 股份回购: 令公司高管着迷的制度安排 [J]. 新财经, 2005 (7).

[2] 程崇帧, 蒋晓全. 公司收缩战略选择 [J]. 管理世界, 2000 (3).

[3] 何承锋. 股份回购: 对公司股权价值和价格的影响分析 [J]. 投资研究, 2000 (9).

[4] 陈晓荣, 韩俊仕. 对上市公司股份回购的实证分析 [J]. 西安财经学院学报, 2005 (5).

[5] 傅颀, 张文贤. 论股份回购的财务效应与会计处理——由《公司法》修改引发的思考 [J]. 当代财经, 2005 (1).

[6] 韩永斌. 公开市场股份回购研究综述 [J]. 外国经济与管理, 2005 (11).

[7] 黄虹. 我国上市公司股份回购行为对股价的影响分析 [J]. 价格理论与实践, 2007 (11).

[8] [美] J. 弗雷德·威斯顿, 萨缪尔·C·韦弗著, 周绍妮等译. 兼并与收购 [M]. 北京: 中国财政经济出版社, 2003.

[9] [美] 马克·格林布莱特, 施瑞丹·蒂特曼著, 贺书婕等译. 金融市场与公司战略 [M]. 北京: 中国人民大学出版社, 2003.

[10] [美] 路易斯·洛温斯坦著, 张蓓译. 公司财务的理性与非理性 [M]. 上海: 上海远东出版社, 1999.

[11] [美] 弗雷德·威斯通, 马克·L·米切尔, 哈罗德·马尔赫林著, 张秋生等译. 接管、重组与公司治理 [M]. 北京: 北京大学出版社, 2006.

[12] [美] 阿尔弗洛德·拉帕波特著, 丁世艳译. 创造股东价值 [M]. 云南: 云南人民出版社, 2002.

[13] [美] 罗伯特·C·克拉克著, 胡平译. 公司法则 [M]. 北京:

工商出版社，1999.

［14］［美］威廉·L·麦金森著，刘辉主译. 公司财务理论［M］. 辽宁：东北财经大学出版社，2002.

［15］［美］科斯·哈特·斯蒂格利茨等著，［瑞典］拉斯·沃因，汉斯·韦坎德编，李风圣主译. 契约经济学［M］. 北京：经济科学出版社，1999.

［16］［美］奥利弗·E·威廉姆森著，张群群，黄涛译. 反托拉斯经济学：兼并、协约和策略行为［M］. 北京：经济科学出版社，1999.

［17］［美］阿道夫·A·伯利，加德纳·C·米恩斯著，甘华鸣等译. 现代公司与私有财产［M］. 北京：商务印书馆，2005.

［18］［法］拉丰·马赫蒂摩著，陈志俊等译. 激励理论（第一卷）委托代理模型［M］. 北京：中国人民大学出版社，2002.

［19］［德］柯武刚，史漫飞著，韩朝华译. 制度经济学：社会秩序与公共政策［M］. 北京：商务印书馆，2000.

［20］［英］布雷利，迈尔斯著，方曙红等译. 公司财务管理（原书第7版）［M］. 辽宁：东北财经大学出版社，2004.

［21］［冰岛］思拉恩·埃格特森著，吴经邦译. 经济行为与制度［M］. 北京：商务印书馆，2004.

［22］刘钊，赵耀. 上市公司股份回购的动因分析及政策建议［J］. 证券市场导报，2005（12）.

［23］梁丽珍. 上市公司股份回购的公告效应及动因分析［J］. 经济与管理研究，2006（7）.

［24］林敏. 基于可持续发展的股利决策：现金股利与股份回购［J］. 生态经济，2007（9）.

［25］林敏. 中国上市公司股份回购决策的影响因素分析［J］. 软科学，2007（6）.

［26］李常青. 股利政策理论与实证研究［M］. 北京：中国人民大学出版社，2001.

［27］孙文军，粟建国，薛莲. 上市公司股份回购：理论与实务［M］. 四川：西南财经大学出版社，2002.

［28］寿迪永，孙二平. 中外股份回购现状研究及启示［J］. 经济问题探索，2000（11）.

［29］唐丽子编著. 美国证券法［M］. 北京：对外经济贸易大学出版

社，2005.

[30] 谭劲松. 股份回购：公共治理目标下的利益输送——我国证券市场股份回购案例的分析 [J]. 管理世界，2007（4）.

[31] 汪洪涛. 制度经济学：制度及制度变迁性质解释 [M]. 上海：复旦大学出版社，2003.

[32] 王作功. 股份回购. 理论、应用、创新 [M]. 北京：中国时代经济出版社，2003.

[33] 王伟. 国有法人股回购的信息内涵及市场识别——"云天化"和"申能股份"公司回购国有法人股的实证研究 [J]. 管理世界，2002（6）.

[34] 吴晓东，郝刚，叶秋华. 股份回购法律问题研究 [J]. 江西社会科学，2005（2）.

[35] 薛斐. 公司股利理论及新发展 [J]. 管理科学，2004（3）.

[36] 薛爽. 以退市为目的之股份回购的时机选择与定价影响因素——中石油回购旗下三家上市公司流通股的案例研究 [J]. 上海立信会计学院学报，2008（3）.

[37] 徐国栋，迟铭奎. 股份回购与公司价值——理论与实证分析 [J]. 管理科学，2003（4）.

[38] 徐明圣，刘丽巍. 上市公司股份回购动机透析及其在我国的实践 [J]. 技术经济与管理研究，2003（2）.

[39] 尹衡. 中国上市公司股份回购理论分析与现实检验 [J]. 经济与管理，2007（5）.

[40] 益智，张为群. 我国上市公司股份回购效应分析——兼论股权分置改革背景下回购的作用 [J]. 商业经济与管理，2005（10）.

[41] 虞政平编译. 美国公司法规精选 [M]. 北京：商务印书馆，2004.

[42] 杨淑娥，郑秀杰. 论股份回购在我国上市公司治理中的运用 [J]. 经济管理，2003（23）.

[43] 赵旭东主编. 新旧公司法比较分析 [M]. 北京：人民法院出版社，2005.

[44] 赵熠，仲健心. 回购社会公众股份对钢铁类上市公司的影响 [J]. 经济纵横，2006（1）.

[45] April Klein, James Rosenfeld. The impact of targeted share repurchases on the wealth of non-participating shareholders [J]. *Journal of Financial*

Research, 1988, XI (2).

[46] Anthony Yanxiang Gu, Michael Schinski. Patriotic stock repurchases: the two weeks following the 9 – 11 attack [J]. *Review of Quantitative Finance and Accounting*, 2003, 20 (3): 267 – 276.

[47] Bens Daniel A., Nagar Venky, Skinner Douglas J., Wong M. H. Franco. Employee stock options, EPS dilution, and stock repurchases [J]. *Journal of Accounting & Economics*, 2003, 36 (1 – 3): 51 – 91.

[48] Brav A., J. R. Graham, C. R. Harvey, R. Michaely. Payout policy in the 21st century [J]. *Journal of Financial Economics*, 2005, 77 (3): 483 – 527.

[49] Bagwell S. L., J. B. Shoven. Share repurchases and acquisitions: An analysis of which firms participate. Working paper, www. ssrn. com, 1988.

[50] Baker H. K., Gallagher L., Morgan K. E. Management's view of stock repurchase programs [J]. *Journal of Financial Research*, 1981, 4 (3): 233 – 247.

[51] Baker H. K., G. E. Powell, E. T. Veit. Why company use open-market repurchase: a managerial perspective [J]. *Quarterly Review of Economics and Finance*, 2003, 43: 483 – 504.

[52] Bartov Eli. Open-market stock repurchases as signals for earnings and risk changes [J]. *Journal of Accounting and Economics*, 1991, 14: 275 – 294.

[53] Barth Mary E., R. Kasznik. Share repurchase and intangible assets [J]. *Journal of Accounting and Economics*, 1999, 28 (2): 211 – 241.

[54] C. P. Stephens, M. S. Weisbach. Actual share reacquisitions in open-market repurchase programs [J]. *Journal of Finance*, 1998, 53 (1): 313 – 333.

[55] Comment R., G. A. Jarrell. The relative signaling power of dutch-auction and fixed-price self-tender offers and open-market share repurchases [J]. *Journal of Finance*, 1991, 46: 1243 – 1271.

[56] Douglas O. Cook, Laurie Krigm, J. Chris Leach. An analysis of SEC guidelines for executing open market repurchases. Working Paper, www. ssrn. com, 2001.

[57] Dosoung Choi, Sangsoo Park. Targeted share repurchases, free cash flows, and shareholder wealth: Additional evidence [J]. *Managerial Finance*,

1997, 23 （3）：49.

［58］ Dittmar Amy K. Why do firms repurchase stock? ［J］. *Journal of Business*, 2000, 73 （3）：331 – 355.

［59］ Dann L. Y. Common stock repurchases：An analysis of returns to bondholders and stockholders ［J］. *Journal of Financial Economics*, 1981 （9）：113 – 138.

［60］ Daryl M. Guffey, Douglas K. Schneider. Financial characteristics of firms announcing share repurchases ［J］. *Journal of Business and Economic Studies*, 2004, 10 （2）：13 – 27.

［61］ Erwin G. , J. M. Miller. The Intra-Industry effects of open market share repurchases：contagion or competitive? ［J］. *Journal of Financial Research*, 1998, 21 （4）：389 – 406.

［62］ Fenn G. W. , N. Liang. Good news and bad news about share repurchases. Working Paper, www. ssrn. com, 1997.

［63］ Fenn G. W. , N. Liang. Corporate payout policy and managerial stock Incentives ［J］. *Journal of Financial Economics*, 2001, 60 （1）：45 – 72.

［64］ Graham Jr. , Roger C. , King, Raymond D. Do share repurchases harm uninformed shareholders? ［J］. *Financial Practice & Education*, 2000, 10 （1）：11 – 16.

［65］ Guay Wayne, Jarrad Harford. The cash-flow permanence and information content of dividend increases versus repurchases ［J］. *Journal of Financial Economics*, 2000, 57：385 – 415.

［66］ Gow-Cheng Huang, Kartono Liano, Ming-Shiun Pan. Open-market stock repurchases and future profitability. Working Paper , www. ssrn. com, 2003.

［67］ Gustavo Grullon, Roni Michaely. Dividends, share repurchases, and the substitution hypothesis ［J］. *Journal of Finance*, 2002, 7 （4）：1649 – 1684.

［68］ Grullon G. , D. Ikenberry. What do we know about share repurchases? ［J］. *Journal of Applied Corporate Finance*, 2000, 3：31 – 51.

［69］ Grullon G. , R. Michaely. The information content of share repurchase programs ［J］. *Journal of Finance*, 2004, 4：651 – 680.

［70］ Ginglinger, Jean-François L'her. Ownership structure and open market stock repurchases in France. Working Paper, www. ssrn. com, 2005.

［71］ H. Seyhun. Insiders'profits, costs of trading and market efficiency

[J]. *Journal of Financial Economics*, 1986, 16: 189 – 212.

[72] Hovakimian Armen. The role of target leverage in security issues and repurchases [J]. *Journal of Business*, 2004, 77 (4): 1041 – 1071.

[73] Howe K. M. , S. Vogt, J. He. The effect of managerial ownership on the short-and log-run response to cash distributions [J]. *Financial Review*, 2003, 38: 179 – 196.

[74] Ho L. J. , C. Liu, R. Ramanan. Open-market stock repurchase announcements and revaluation of prior accounting information [J]. *Accounting Review*, 1997, 72 (3): 475 – 487.

[75] Ikenberry J. Lakonishok T. Vermaelen. Market underreaction to open market share repurchases [J]. *Journal of Financial Economics*, 1995, 39: 181 – 208.

[76] Isagawa Nobuyuki. Open-market stock repurchase and stock price behavior when management values real investment [J]. *Financial Review*, 2000, 35 (4): 95 – 108.

[77] Ikenberry D. , J. Lakonishok, T. Vermaelen. Market underreaction to open market share repurchases [J]. *Journal of Financial Economics*, 1995, 39 (2 – 3): 181 – 208.

[78] Ikenberry D. , J. Lakonishok, T. Vermaelen. Stock repurchases in Canada: performance and strategic trading [J]. *Journal of Finance*, 2000, 55 (5): 2373 – 2397.

[79] Jagannathan M. , C. P. Stephens. Motives for multiple open-market repurchase programs [J]. *Financial management*, 2003, 32: 71 – 91.

[80] Jesse M. Fried. Open market repurchases: signaling or managerial opportunism? [J]. *Theoretical Inquiries in Law*, 2001, 2 (2): 1 – 31.

[81] Jolls C. The role of compensation in explaining the stock-repurchase puzzle. Working Paper, www. ssrn. com, 1996.

[82] Jensen M. D. Agency cost and free cash flow, corporate finance and takeovers [J]. *American Economic Review*, 1986, 76: 659 – 665.

[83] Justin Pettit. Is a share buyback right for your company? [J]. *Harvard Business Review*, 2001, 4: 141 – 147.

[84] Jagannathan M. , C. P. Stephens, M. S. Weisbach. Financial flexibility and the choice between dividends and stock repurchases [J]. *Journal of*

Financial Economics, 2000, 57: 355 – 384.

[85] Kahle Kathleen M. When a buyback isn't a buyback: open-market repurchases and employee options [J]. *Journal of Financial Economics*, 2002, 63: 235 – 261.

[86] Liu, Chao-Shin, David A. Ziebart. Stock returns and open-market stock repurchase announcements [J]. *Financial Review*, 1997, 32 (3): 709 – 728.

[87] Lie Erik. Operating performance following open market share repurchase announcements [J]. *Journal of Accounting & Economics*, 2005, 39 (3): 411 – 436.

[88] Li K., W. McNally. The decision to repurchase, announcement returns and insider holdings: a conditional event study [J]. *Journal of Applied Finance*, 2003, 9: 55 – 70.

[89] Liano Kartono, Huang Gow-cheng, Manakyan Herman. Market reaction to open market stock repurchases and industry affiliation [J]. *Quarterly Journal of Business & Economics*, 2003, 42 (1 – 2): 97 – 120.

[90] Mikkelson Wayne H. Ruback Richard S. Targeted Repurchases and Common Stock Returns [J]. *Rand Journal of Economics*, 1991, 22 (4): 544

[91] Medury P., L. Bowyer, V. Srinivasan. Stock repurchases: a multivariate analysis of repurchasing firms [J]. *Quarterly Journal of Business and Economics*, 1992, 31 (1): 21 – 44.

[92] Nikos Vafeas, Adamos Vlittis, Philippos Katranis, Kanalis Ockree. Earning management around share repurchase: a note. Working Paper, www. ssrn. com, 2003

[93] Nohel T., V. Tarhen. Share repurchases and firm performance: new evidence on the agency cost of free cash flow [J]. *Journal of Financial Economics*, 1998, 49: 187 – 222.

[94] Netter Jeffry M., Mark L. Mitchell. Stock-repurchase announcements and insider transactions after the October 1987 stock market crash [J]. *Financial Management*, 1989, 18: 84 – 96.

[95] Nidal Rashid Sabri. Using treasury "repurchase" shares to stabilize stock markets [J]. *International Journal of Business*, 2003, 8 (4): 425 – 450.

[96] Norgaard R., C. Norgaard. A critical examination of share repur-

chases [J]. *Financial Management*, 1974, 3 (1): 44 – 50.

[97] Otchere, Isaac, Ross, Matthew. Do share buy back announcements convey firm-specific or industry-wide information? a test of the undervaluation hypothesis [J]. *International Review of Financial-Analysis*, 2002, 11 (4): 511 – 531.

[98] Paul Hribar, Nicole Thorne Jenkins, W. Bruce Johnson. Stock repurchases as an earnings management device. Working Paper, www. ssrn. com, 2004.

[99] Pugh W. , J. Jahera. Stock repurchases and excess returns: an empirical examination [J]. *Financial Review*, 1990, 25: 127 – 142.

[100] Rosenberg Marvin, Young Allan. Price volatility and corporate repurchasing [J]. *Nebraska Journal of Economics & Business*, 1978, 17 (1): 57 – 64.

[101] Raad Elias, Wu H. K. Insider trading effects on stock returns around open-market stock repurchase announcements: an empirical study [J]. *Journal of Financial Research*, 1995, 18: 45 – 47.

[102] Saeyoung Chang, Michael Hertzel. Equity Ownership and Firm Value: Evidence from Targeted Stock Repurchases [J]. *Financial Review*, 2004, 39: 389 – 407.

[103] Stephens C. , M. Weisbach. Actual share reacquisitions in open market repurchase programs [J]. *Journal of Finance*, 1998, 53: 313 – 334.

[104] Vermaelen T. Common stock repurchase and market signalling: an empirical study [J]. *Journal of Financial Economics*, 1981, 9 (2): 139 – 183.

[105] Vafeas N. , O. M. Joy . Open market share repurchases and the free cash flow hypothesis [J]. *Economics Letters*, 1995, 48: 405 – 410.

[106] Vermaelen T. Common stock repurchases and market signaling: an empirical study [J]. *Journal of Financial Economics*, 1981, 9: 139 – 183.

[107] Wansley James W. , Lane William R. , Sarkar Salil. Managements' view on share repurchase and tender offer premiums [J]. *Financial Management*, 1989, 18 (3): 97 – 110.

[108] Weisbenner Scott J. Corporate share repurchases in the 1990s. Working Papers, www. ssrn. com, 2000.

[109] Young A. Financial operating and security market parameters of repurchasing [J]. *Financial Analysts*, 1969, 25 (4): 123 – 128.